시간이 필요없는 세상,
파푸아뉴기니

시간이 필요없는 세상, **파푸아뉴기니**

지은이 | 황영구

1판 1쇄 인쇄 | 2009. 1. 18
1판 1쇄 발행 | 2009. 1. 23

펴낸곳 | 예·지
펴낸이 | 김종욱
책임편집 | 황경주

경기도 고양시 일산동구 장항2동 751번지
전화 | 031-900-8061(마케팅), 8060(편집) 팩스 | 031-900-8062
등록번호 | 제1-2893호 · 등록일자 | 2001. 7. 23

편집디자인 | 신성기획 · 분판 출력 | 경운출력
종이 | 화인페이퍼 · 인쇄 제본 | 서정문화인쇄사

ⓒ 2009 James Y. Hwang
Published by Wisdom Publishing, Co.
Printed in Korea.

ISBN 978-89-89797-58-6 03040

값은 표지에 표기되어 있으며, 파본은 바꾸어드립니다.

시간이 필요없는 세상,
파푸아뉴기니

황영구 지음

예 지
Wisdom Publishing

들·어·가·며

　내가 외국과 인연을 맺게 된 것은 건설공사 일을 통해서였다. 처음 가본 외국이 사이판이었고 그것을 인연으로 남태평양 이곳저곳을 가볼 수 있었는데, 그중 나를 사로잡은 곳이 파푸아뉴기니였다.
　남태평양에 대한 한없는 동경, 한국인이 거의 없는 미지의 세계가 주는 신비감이 외국에서 큰돈을 벌어 보란 듯이 성공해 보고 싶은 욕망, 어린 시절부터 내 안에 뿌리내리고 있던 '또라이 정신'과 만난 결과였다. 이런 나에게 식인종이 산다고 하고 떼강도가 판을 치는 치안 부재의 위험한 나라라는 점은 오히려 더 큰 매력으로 다가왔다.
　등산용 장비 몇 개 챙겨 넣은 배낭 하나 달랑 메고 '미친놈' 소리 들어가며 혼자 파푸아뉴기니로 갔다. 외롭고 서럽지만 강한 척하며, 무섭고 낯설고 몸에서 고약한 냄새가 나는 원주민들과 어우러져 함께 사는 동안 그 냄새가 구수하게 느껴지고 내 몸에서도 그들과 똑같은 냄새가 배었다. 그때부터 파푸아뉴기니에서 17년을 살았다.
　남태평양에 살고부터는 많은 사람들의 질문에 맞닥뜨려야 했다.
　"남태평양 어디 사세요?"
　"거기 식인종 사는 데 아닌가요?"
　"어떻게 거기 가시게 됐나요?"
　"몇 년이나 사셨어요?"
　"거기서 뭐 하시는데요?"
　"거기 살 만해요?"
　남태평양 파푸아뉴기니에 산다는 것은 그렇게도 신기한 일이었나 보다. 이렇게 궁금해하는 사람들에게 자부심을 가지고 남태평양에서의 삶에 대해 이야기를 들려주었다. 말로 하는 것은 글로 쓰는 것보다 쉬웠다.

　어렸을 적엔 뭐든지 다 잘하는 007 제임스 본드가 부러웠고, 학교 다닐 때는 이소룡처럼 싸움 잘하는 사람이나 노래 잘하는 사람을 부러워하기도 했지만, 나이 들면서는 글 잘 쓰는 사람이 부러웠다. 지금도 글 잘 쓰는 사람 앞에서는 주눅이 들어버린다.

　글은 천부적 재능이라 생각한다. 나는 읽기도 좋아했고 쓰는 것도 좋아했지만, 워낙 재주가 없다 보니 그저 업무용 문서나 작성하고 이메일이나 쓰는 정도였다. 직접 글을 쓸 엄두는 내지도 못했다.

　이런 내가 기록을 남긴다는 우쭐한 착각으로 이 글을 쓰게 된 것은 모두 내 이야기를 듣고 재미있다며 글로 쓰라고 격려해 준 지인들 덕분이다.

　원고를 읽고 조언을 아끼지 않고 성원해 주신 시인이자 수필가

이강원 세계장신구박물관 관장님, 여러 방면으로 도움을 주신 안동 하회동탈박물관 김동표 관장님, 경향신문 김주현 기자님 그리고 58 띠동갑산악회 친구들과 여러 방송국 PD분들 등 관심을 가져주신 많은 분들께 감사드린다. 그 도움을 잊지 못할 것이다.

이 글을 읽어주는 분이 있다는 것만으로도 한없이 기쁘다. 격려도 비난도 그저 다 감사할 뿐이다.

시간이 필요없는 세상,
파푸아뉴기니

들어가며

1 그곳, 파라다이스

새와 나비의 천국 •14
원시의 소리 •17
간결하고 실용적인 피진어 •22
천연자원의 보고 •26
아라비카 커피향이 가득한 곳 •31
원시의 먹거리 •35
양고기 예찬 •42
시뻘건 입 •46
만병통치약 •51
환상의 섬, 마누스 •57
그 섬에 가고 싶다 •63
화산의 도시, 라바울 •68
남태평양 최고봉, 윌헬름 산을 오르다 •73

차 례

2 21세기의 원시문명

식인종이 사는 나라? • 84
화이트만 • 90
하겐 '강에' • 98
원톡 빌롱 유미 • 104
국가도 못 건드리는 원톡 • 107
시간이 필요없는 세상 • 112
신부 사오기 • 116
에이즈와 상구마 • 122
피엔지 걸 • 127
떼강도, 라스콜 • 133
토고바 마을사람들 • 138
어이없는 고속도로 통행료 • 144
거짓말이 습관인 사람들 • 151
생존을 위한 보복 • 156
남양군도의 위령제 • 161

악어 부족의 성인식 •166
트로비안드 섬의 성풍속 •174
지진해일 참사 촬영기 •180
10년 내전이 끝나던 날 •190
도전지구탐험대 •199

3 남태평양의 '또라이'

또라이 정신 •206
파푸아뉴기니 하겐 한인회 •210
씽씽 축제와 사물놀이 •216
한국사람 만나지 마세요 •223
피엔지 여자와 사는 법 •232
무서운 말라리아 •236
건맨 •241
금요 야외극장 •247
약발 •253
자원봉사 •259
동네 간이시장 •264

차례

집주인 헤다 • 270
내 친구 가와이 • 278
족장 중의 족장 • 287
자식 덕 • 293
도가니탕과 갈비 • 303
불효 • 308

마치며

1

그곳, 파라다이스

새와 나비의 천국

적도의 반짝이는 싱그러운 햇살, 때 묻지 않은 원시 정글의 푸른 숲, 화려한 새들의 아름다운 지저귐. 우리가 낙원하면 떠올리는 장면들이 파푸아뉴기니에 모두 있다. 그러나 정작 파푸아뉴기니는 사람보다는 새와 나비들의 천국이다. 파푸아뉴기니의 열대 정글에는 수천 종의 새들이 살고 있다.

파푸아뉴기니는 수만 년 전 호주 대륙에서 떨어져 나와 형성된 섬들로 이루어져 있다. 대륙의 동물들은 바닷물에 가로막혀 이동해 오지 못했다. 그래서 파푸아뉴기니에는 짐승의 종류가 별로 많지 않다. 그러나 새들은 먹이가 풍부하고 최고의 자연환경을 갖춘 파푸아뉴기니에 올 수 있었다. 하늘을 자유로이 날아다닐 수 있었기에 낙원을 얻을 수 있었던 것이다.

깃털이 화려한 극락조는 파푸아뉴기니의 상징이다. 몸체의 크기는 참새만 한 것부터 비둘기만 한 것까지 있고, 꼬리의 길이는 무려 1m나 된다. 노랑, 파랑, 하양, 빨강 등의 어우러진 깃털로 원색의 향연을 여는 듯 극락조가 하늘을 날면 천지가 휘황찬란해진다.

극락조의 나는 모습은 감탄과 탄성을 자아낸다. 1m나 되는 긴 꼬리를 드리우며 천천히 상승과 하강을 반복하는 모습은 우아한 무용가를 연상시킨다. 극락조는 꼬리가 길어 빨리 날 수가 없다. 이런 우아하고 화려한 모습 때문에 낙원에서 내려온 새라고 여기게 되어 극락조라는 이름이 붙었다.

원주민들은 극락조의 깃털을 행운과 복을 가져다주는 신의 선물로 여겨 부족 전쟁시 몸에다 장식했다. 깃털이 많은 것은 귀한 신분을 나타내었다. 현대에 와서는 파푸아뉴기니 국기를 비롯하여 정부 휘장과 국영방송국, 각 정부기관의 로고에 모두 극락조의 모습이 들어 있다.

파푸아뉴기니에는 극락조 외에도 무수한 종류의 새들이 있다. 타조처럼 날지 못하는 큰 새 카사와리는 키가 1.5~2m에 몸무게는 무려 50kg이나 되며 성질이 사나워 사람을 물어 죽이기도 한다. 거대한 머리에 관이 달린 세계에서 가장 큰 비둘기, 집 짓는 방식이 독특한 정원사새, 매거포트, 코코모, 물총새, 코카투, 아름답고 머리가 좋아 애완조류로 각광받는 여러 종류의 앵무새들은 파푸아뉴기니에서 흔히 볼 수 있는 새들이다. 이외에도 수없이 많은 새들이 파푸아뉴기니에 둥지를 틀고 있다.

파푸아뉴기니에는 나비도 많다. 전 세계에 서식하는 나비가 1만5천~ 2만여 종 정도인데, 그중 수천 종이 파푸아뉴기니에 서식하고 있으니 파푸아뉴기니는 나비에게도 천국이다. 세계에서 가장 큰 나비인 퀸알렉산드라버드윙은 1930년대 처음 발견되었을 때 총으로 쏴서 잡을 수밖에 없었다고 한다. 화려한 금빛의 금나비는 몸에 금이 붙어 황금색이 되었다고 한다. 그래서 금나비가 서식하고 있는 곳엔 금맥이 있을 가능성이 높다고 하지만 금나비는 너무 귀해서 보기가 힘들다.

들꽃들이 만발한 낮은 산자락을 걸으면 이곳이 왜 나비의 천국이 되었는지 알 수 있다. 수만 마리의 나비들이 춤을 추듯 걷는 사람과 함께 날아다닌다. 나비와 함께 날고 있다는 듯 착각이 들 정도이다.

정글 속에 피어 있는 이름 모를 향기로운 많은 꽃들, 아름다운 나비들, 우아하고 화려한 새들과 함께 행복할 수 있는 곳, 그곳이 바로 파푸아뉴기니다.

원시의 소리

"츳!" 혀를 천장에 붙이고 짧고 강하게 바람을 불어내서 만드는 이 소리는 고산지방 부족들이 멀리 있는 부족에게 보낼 때 쓰는 신호였다. 이 소리는 고주파라 먼 데까지 잘 전해진다. 지금은 공공장소에서 "여보세요" "실례합니다" 말 대신에 이 소리를 낸다. 파푸아뉴기니 길거리에서 이 소리를 내면 거의 모든 사람들이 다 뒤돌아본다.

소리는 환경적인 습관에서 나오는 독특한 문화수단이다. 소리는 악기가 되고 생활이 되고 전통이 된다.

"둥~둥~둥~둥~."

파푸아뉴기니 전통 북인 군두 소리이다. 군두는 우리나라 장고와 비슷한 종류인데, 크기가 작아 손에 들고 친다. 밑부분은 터놓고 윗

부분만 악어가죽이나 뱀가죽으로 막아 만든다. 군두 소리는 파푸아뉴기니라면 어디서든 들을 수 있다. 군두는 생활 속의 악기이기 때문이다.

파푸아뉴기니는 고산 지방, 해안 지방, 섬 지방의 각 지방마다 고유한 소리를 내는 악기가 있다.

군두는 전국적으로 사용되지만 고산지방 전통 악기이다. 고산지방의 또 다른 악기를 꼽는다면 대나무 피리다. 은은하게 멀리 울려 퍼지는 피리 소리는 우리나라의 퉁소와 그 소리가 비슷하다.

'수잡'이라는 악기도 있다. 쪽을 낸 작은 대나무에 줄을 달아 입 가까이에 대고 줄을 튕겨서 입안의 공음을 이용해 소리를 낸다. 엄마들이 아기를 잠재울 때 연주하기도 하고, 아이들이 언제 어디서든지 혼자서 가지고 노는 장난감이 되어주기도 하는 악기이다.

"쿵~쿵~쿠궁~ 쿵~쿵."

해안 지방의 악기는 뭐니 뭐니 해도 '카라못'이다. 카라못은 통나무 속을 파서 만든 악기다. 지름이 1m도 넘는 굵은 통나무를 3~4m 길이로 잘라 통째로 속을 파서 만든다. 쎄픽의 카라못은 크기가 크고 조각이 아름답고 웅장해서 유명하다. 조상을 모시는 신당이자 마을의 중대사를 논의하는 마을회관 '탐부란하우스'에 놓고 마을의 대소사를 알릴 때 쓴다. 막대기 2개를 양손에 들고 번갈아 가면서 두드리면 육중한 소리가 난다.

섬 지방의 카라못은 작아서 "따닥~딱~딱~ 따다닥~" 경쾌한 소리가 난다. 그래서 아주 빠르게 두드려 소리를 낸다. 손으로 들고 다닐 수 있어 행사 때 전통 춤의 장단을 맞추는 악기로 사용된다.

"붕~빵~붕~빵~."

섬 지방을 대표하는 악기라면 뱀부밴드(Bamboo Band. 대나무 드럼)다. 뱀부밴드는 보건빌 지방 부카 섬의 전통 악기이다. 지름이 10cm가 넘는 아주 굵은 대나무를 길이가 다르게 잘라 밧줄로 엮어서 만든다. 악기 위에 올라가 왔다 갔다 하면서 대나무 구멍을 쳐서 소리를 낸다. 그러면 총소리와 같은 아주 큰 소리가 난다. 똑같은 악기를 3~4개 만들어 동시에 연주를 하면 장엄하기 이를 데 없다.

원주민들의 소리는 생활 자체이다.

"아이요~오~오~오~~~." 장례식 때 슬퍼서 우는 곡소리다. 우리나라 곡소리인 '아이고'와 아주 흡사하다. 서러움이 복받친 통곡이기에 심금을 울린다. 곡은 일주일에서 열흘 정도의 장례기간 내내 한다.

고산지방 부족들은 위급 상황을 알리고 누군가를 부를 때 산꼭대기에 올라가 다른 산을 향해 소리를 지른다.

"아우아~~아우아~~아우아~~"

고주파수의 소리라 메아리를 타고 멀리멀리 퍼져나간다. 은은하게 들리는 소리는 처량하고 구슬프다.

전통 춤 씽씽은 신명 나는 춤이다. 온몸에 장식으로 매달아 놓은 조개껍질, 빨간색의 탕켓나무 잎사귀, 새들의 깃털, 마른 나무 열매들이 몸의 움직임에 따라 서로 부딪혀 소리를 낸다.

"철거덕~철거덕~둥~둥~둥~둥~."

군두 소리와 함께 어우러지는 몸의 소리는 영혼과 함께하는 주술이며 용사의 자랑스러움이다.

매미 소리, 새 소리, 바람 소리, 열대성 소나기 스콜과 항상 함께 다니는 천둥소리, 모두 원시의 소리이며 적도 정글의 소리이다. 원주민들의 신호 소리, 곡 소리, 북 소리, 피리 소리, 춤 소리는 정글 생활의 소리다. 모두 파푸아뉴기니의 소리다.

"철거덕~철거덕~둥~둥~둥~둥~." 군두 소리와 함께 어우러지는 몸의 소리는 영혼과 함께하는 주술이며 용사의 자랑스러움이다.

간결하고 실용적인 피진어

파푸아뉴기니는 900여 부족들이 869종의 각기 다른 언어를 사용하는 국가이다. 전 세계 총 3천 개 언어의 거의 3분의 1에 해당하는 언어가 한 나라에서 통용되고 있으니, 그들의 삶이 얼마나 혼란스러운지 어렵지 않게 짐작할 수 있다.

공용어는 영어지만 도시 사람들이나 최소 초등학교 졸업의 학력이 있는 20~30%의 일부 국민들만이 알고 쓸 뿐이다. 영어는 주로 문서를 작성하는 데 쓰일 뿐이고, 실제로는 각 부족어와 피진어(Tok Pisin)가 사용된다.

피진어는 영어를 사용하기 편하게 소리 나는 대로 간편하게 줄여서 만들어진 언어다. 단어가 전부 1천 3백 정도인데, 대부분은 영어에서 온 것이지만 독일어에서 파생된 것도 있다.

외국에서 사업이라는 것을 해야 하니 지긋지긋했던 영어를 처음부터 다시 공부할 수밖에 없었다. 중학교 때 배운 것부터 차례대로 단어를 외우고 또 외우고, 되지도 않는 발음으로 읽고 또 읽었다. 이런 노력으로 자신감을 얻어 그런 대로 영어로 의사소통은 곧잘 했다.

그러나 문제는, 파푸아뉴기니에서는 영어보다 피진어가 실질적으로 더 많이 쓰인다는 것이었다. 도시에서는 영어만으로도 불편을 느끼지 않지만 도시를 벗어나면 피진어와 부족어 외에 영어는 통하지 않는다. 도시가 아닌 정글에서 도로공사를 하는 나에게는 피진어가 절실히 필요했다. 그래서 피진어도 공부할 수밖에 없었다. 그런데 피진어라는 것을 공부해 보니 내 영어 실력하고 딱 맞는다는 것을 알게 되었다.

'아비눈 투블라(Abinun tupela).'

내가 이 나라에 와서 처음 들었던 피진어이다. 오후에 길을 걷고 있던 나와 동료를 보고 현지인이 우리에게 한 인사말이었다.

'굿 애프터눈 투 젠틀맨'(Good afternoon two gentleman. 좋은 오후입니다, 두 신사분)'이라는 뜻의 영어에서 파생된 것이다. 피진어는 이렇게 단어만으로 짧고 간편하게 소통하는 언어다. 예를 들어, 영어로 '당신은 지금 어디 가십니까?'는 'Where are you going?'인데, 피진어로는 'Yu go we(유고웨)?'다. 내가 평생 잊어버리지 않을 피진어 'Mi laikim yu tru(미 라이킴 유 뜨루)'도 영어 'I love you'를 바꿔놓은 것이다.

영어 회화에서 가장 어려운 부분은 시제와 전치사의 사용이다. 전치사를 문장의 어디다 넣어야 하는지, 현재, 과거 등은 어떻게 표현해야 하는지 몰라 문장이 입과 머리 속에서만 뱅뱅 돌아 애를 먹기 일쑤다.

그러나 피진어는 어순에 신경 쓰지 않고 단어만 나열하면 소통이 되는 언어다. 내 영어 실력은 그저 단어를 나열하는 정도였는데, 이것이 100% 통하는 것이 바로 피진어였다. 피진어는 정말 나에게 안성맞춤이었다. 이젠 내가 살고 있는 지역의 부족어까지 대충이나마 알아듣게 되었지만, 항상 입에서 술술 나오는 말은 내 수준에 딱 맞는 피진어다. 피진어는 내가 이곳에서 줄기차게 살고 있는 가장 큰 이유인지도 모른다.

내가 몇 년도 되지 않아서 피진어를 유창하게 구사하게 되어 이곳에서 잘 적응하게 되었듯이 영어를 전혀 할 줄 모르는 일부 한국 교민들도 영어 단어 몇 개만으로 이곳에서 나름대로 의사 소통을 잘 해나가고 있다.

장사를 하는 교민 한 분은 한국말에다 영어 단어 몇 개 섞어서 희한하게 의사소통을 잘한다. 예를 들면 "이리 '캄(kam)'해서 이거 '키심(kisim)'하고 '고(go)'해서 '세일(sale)'해"라고 하면 '이리 와서 이거 가지고 가서 팔아라'라는 의미가 통하는 식이다. 무심코 들으면 나

도 잘 알아듣지 못하고 우습기도 하지만 현지인 종업원들은 아주 잘 알아듣는다.

이렇듯 피진어는 단어만 가지고도 대화가 통하는 실용 언어라 할 수 있다.

나는 한국 외교통상부에 피진어를 가장 잘하는 한국인으로 추천되어지기도 하였다. 그러나 지금은 이 나라에서 12년을 교육받고 지금 한국에서 대학을 다니고 있는 우리 아이들이 피진어를 제일 잘하는 한국 사람이 아닐까 한다.

그런데 피진어보다 더 실용적인 언어가 있다. 바로 몸으로 표현하는 언어다. 보디랭귀지는 최초의 언어이며 무척이나 인간적인 언어이다. 파푸아뉴기니에서 악수하듯 두 손으로 상대방을 잡는 것은 나는 무기가 없으며 공격하지 않겠다는 뜻이다. 고산지방의 한 부족은 두 팔로는 상대방의 한쪽 다리를 감싸고 머리는 상대방 배에 대고 비비며 앉는 시늉을 하는데 공격할 의사가 없고 환영한다는 뜻이다.

몇십 년 전까지만 해도 돌도끼를 사용했다고 해서 인류 최후의 원시부족국가라고 불렸고, 아직도 현대 문명과 원시가 공존하는 파푸아뉴기니이지만 각 부족마다 고유의 언어가 있다. 그런데 굳이 영어로 의사소통을 하라 하니 얼마나 불편했을까. 그래서 나름대로 쉽고 편리한 피진어를 만들어 사용했는지도 모르겠다.

천연자원의 보고

　이현세의 만화 중에 『남벌』이 있다. 파푸아뉴기니는 뉴기니라는 커다란 섬의 동쪽 반과 주변의 작은 섬들로 이루어진 나라다. 뉴기니 섬의 서쪽 반은 인도네시아의 이리안자야 주에 속해 있다. 『남벌』은 이 인도네시아와 파푸아뉴기니 접경 지역에서 시작되는 한·일 전쟁을 다루고 있는데, 내용은 이렇다.

　일본은 뉴기니 섬 북쪽 해안도시에 있는 원유, 가스 단지를 자원 확보라는 미명 아래 봉쇄해 버린다. 그런데 이 단지 안에는 한국인 기술자들도 근무하고 있었다. 봉쇄와 함께 억류되어버린 이 기술자들을 구하기 위해 한국 정부는 뉴기니 섬에 공수부대를 파견한다. 이렇게 해서 한·일전쟁이 시작된다.

　실제로 파푸아뉴기니는 자원이 풍부한 나라다. 세계 최대의 구리

생산국이며, 금, 은, 니켈, 철, 목재, 팜오일은 물론 수산자원까지 그야말로 천연자원의 보고다. 특히 원유와 가스의 매장량은 엄청나다.

그러나 『남벌』의 무대가 되었던 뉴기니 섬 북쪽 해안지대에는 아직 생산기지가 없다. 현재 파푸아뉴기니 남쪽 쿠투부 지역에서만 원유와 가스가 생산되고 있는데, 다국적기업 셰브런텍사코와 오일리서치가 생산을 주도하고 있다.

하지만 실질적인 주인은 바로 옆 나라 호주다. 현재 쿠투부에서 생산되는 모든 원유와 가스는 전량 파푸아뉴기니 남쪽에 있는 키코리 항구를 통해 호주로 운반되는데, 호주는 더 원활한 운송을 위해 키코리 항구부터 호주 본토 퀸스랜드까지 해저파이프를 건설할 계획을 추진 중에 있다.

호주는 본토에 원유와 가스가 대량 매립되어 있는 데도 남의 나라 것까지 확보해 두려고 혈안이 되어 있다. 미국도 산유국이면서 원유 확보를 위해 전쟁도 불사하고 있다.

일본은 파푸아뉴기니를 2차 세계대전 때 점령한 적이 있다. 그런데 점령 당시 파푸아뉴기니인 수십만 명을 살상했기에 일본에 대한 파푸아뉴기니의 감정은 좋지 않은 편이다. 이 때문에 일본 기업들은 이곳에 진출할 엄두를 내지 못하고 있고, 자이카(JAICA)라는 일본 국제평화협력단이 봉사와 원조 활동을 하고 있을 뿐이다.

중국이 자원 확보를 위해 이곳에 눈길을 돌린 지는 얼마 되지 않는다. 파푸아뉴기니 마당 주의 라무 지역에 대단위 니켈 광산을 개발하기 시작했으나, 아직은 미미한 수준이다. 하지만 중국은 국가정책적으로 자원개발에 나서고 있기에 앞으로 더 적극적으로 나올 것이라 예상된다.

우리나라에게도 자원확보는 지상 과제이다. 자원이 없기에 더욱 그렇다. 외교통상부에서는 자원확보 외교에 총력을 기울이고 있는데, 그 대상은 주로 러시아, 몽고, 중앙아시아, 아프리카 등지였다.

남태평양 쪽은 최근에 와서야 관심을 두기 시작했다. 산업자원부 담당자들이 자원개발 조사차 대기업 관계자들과 함께 다녀간 이후부터 공공 단체, 대기업 들이 관심을 가지고 기초조사를 위해 이곳을 방문하고 있다.

또한 파푸아뉴기니 정부와 한국의 자원개발회사가 협력하여 북쪽 해안도시인 웨왝에 대단위 저장탱크와 정유공장을 설치하고 쿠투부에서 생산된 모든 원유와 가스를 파이프를 통해 수송해 와 가공한 뒤 웨왝 항구를 통해 아시아 시장으로 판매한다는 계획이 논의 중에 있다. 세계 최대의 석유, 가스 수입국 일본, 한국, 중국이 있는 아시아는 원유와 가스의 황금시장이다.

웨왝은 2차 세계대전 당시 한국 사람들이 일본군으로 징집되어 끌려와 4천여 명이 처참하게 죽어간 곳이다. 한국과 웨왝 사이엔 이 것 말고 또 다른 인연도 있다. EDCF(Economic Development Corporation

Fund)라고 하는 선진국이 저개발국에 무상으로 원조하는 자금이 있다. 우리나라도 1970년대 초까지 미국을 비롯한 유럽 국가들로부터 EDCF를 원조 받아 국가 발전의 큰 원동력으로 삼은 바 있다. 이제는 우리나라도 이 EDCF를 몽고, 아프리카 등지에 원조하고 있는데, 우리나라에서 파푸아뉴기니에 지급한 EDCF가 바로 웨왝의 상하수도 개발에 쓰이고 있다.

하지만 한국자원개발사가 계획하고 있는 웨왝 계획은 호주가 계획하고 추진 중에 있는 키코리-퀸스랜드 해저파이프 건설 계획에 전면 배치되는 것이기에 실현되기 쉽지 않을 것이다. 호주는 영국을 등에 업고 미국의 암묵적 지지를 얻어 파푸아뉴기니 장악에 박차를 가하고 있기 때문이다.

그러나 웨왝 계획이 실현된다면 『남벌』에서처럼 뉴기니 섬 북쪽 해안도시 웨왝에 대단위 원유, 가스 단지가 들어서게 될 것이다. 그렇게 되면 『남벌』은 현실이 될 수도 있다.

인천공항에서 파푸아뉴기니 포트모르스비를 경유하여 남태평양 관광지로 유명한 피지까지 가는 노선이 검토된 적이 있다고 한다. 인천~피지 직항노선은 이용승객이 적기 때문이다. 하지만 인천~포트모르스비 노선 또한 이용객이 그리 많지 않고 여러 여건들이 맞지 않아 실현되지 못하고 있는 것으로 안다.

문제가 잘 해결되어 인천~포트모르스비 직항로가 생겨서 많은 한국인들이 파푸아뉴기니에 쉽게 올 수 있고 한국 기업들의 진출이 더욱 활발해져 파푸아뉴기니의 자원개발에 한국이 중심적인 역할을 하게 되길 기대해 본다.

아라비카 커피향이 가득한 곳

파푸아뉴기니 고산지는 커피의 특산지이다. 1400~1800m 적도 고산지에서만 자란다는 아라비카는 순하고 향이 깊은데다 커피 특유의 풍미가 풍부해 유럽 귀족들이 즐겨 마시는 고급 커피다.

아라비카는 전 세계적으로 콜롬비아, 아프리카 케냐 그리고 남태평양에서는 유일하게 파푸아뉴기니에서만 생산되는 귀한 커피이다. 파푸아뉴기니의 아라비카 커피는 대부분 커피 원두 자체로 수출되며, 완제품으로는 '블루마운틴'이란 상표를 달고 전 세계로 팔려 나간다.

어린 커피묘목을 1키나(약 350원)에 사서 3년 정도 키우면 어른 키만큼 자라 열매를 맺기 시작하는데, 다 자란 커피나무는 3~4m 정도 된다. 10년 정도는 품질 좋은 커피열매를 생산하며 한 그루에서

1년에 한 번 2~5kg 정도를 수확할 수 있다.

　보통 마을 단위로 200~500헥타르 정도 대규모 농장을 두고 공동으로 재배를 한다. 커피는 손으로 직접 따서 수확할 수밖에 없기에 커피를 수확하는 5월~7월경에는 아이부터 노인까지 온 마을사람들이 모두 커피 따는 작업에 매달린다. 커피 생산비용의 절반이 인건비이기에 '커피시즌'(Coffee Season)이라 부르는 커피 수확철에는 코흘리개 아이들도 고액권을 가지고 다닌다는 우스갯소리를 할 정도로 원주민들 주머니가 두둑해진다.

　파푸아뉴기니 전체 커피 생산량의 60% 이상이 내가 살고 있는 마운트하겐에서 생산되고 있다. 마운트하겐은 파푸아뉴기니의 커피 집산지라 할 수 있다. 커피나무에서 딴 커피열매를 '체리'(Cherry)라 하는데 꼭 우리나라 조그만 앵두 같다. 이 체리 상태의 커피열매 껍질을 벗기면 보리쌀알 모양의 하얀색 커피 씨가 두 쪽 나온다. 이 커피씨를 적도 남태평양의 뜨거운 햇빛에 며칠간 말린 후 방앗간에서 벼껍질 벗기듯이 껍질을 한 겹 벗겨내면 연한 연두색의 커피콩이 된다.

　이 커피콩을 '그린빈(Green Bean)'이라고 한다. 이것을 적당히 볶으면 바로 우리가 아는 원두가 되는 것이다. 그린빈의 70% 이상이 가공을 거치지 않은 상태로 10여 개의 커피수출회사를 통해 전 세계로 수출된다. 나머지 30%는 파푸아뉴기니 내에 있는 5개 커피제조회사에서 완제품 커피로 생산되어 각종 상표를 달고 판매된다. 그린

빈 상태로 수출되는 곳은 유럽 쪽이 대부분이었으나 근래에는 미국 뉴욕 항을 통해 미국의 네슬레와 스타벅스로도 수출되고 있다.

그린빈은 모양과 크기 등에 따라 품질별로 A~T등급까지 20등급 정도로 나누어진다. 보통 5~7년생 나무에서 딴 것이 알이 굵고 연한 것이 향이 좋고 맛도 뛰어나 최상등급으로, 10년 이상 된 나무에서 자란 것은 작고 딱딱한데다 향도 덜하고 맛도 떨어져 하위등급으로 분류된다. 상위등급은 원두커피로, 하위 10등급 이하는 보통 가루로 만들어서 인스턴트커피용으로 팔린다.

온 천지가 커피인 마운트하겐은 그야말로 커피의 천국이다. 사무실이나 집이나 은은한 커피 향이 하루 종일 가득하다. 이곳에서는 찾아오는 이들에게 꼭 커피를 대접한다. 나도 하루에 큰 머그잔으로 3~4잔 정도를 마신다.

커피에는 발암물질이 들어 있고 카페인 성분이 있어 밤에 잠이 안 오고 중독되기 때문에 커피를 많이 마시면 몸에 안 좋다고들 한다. 하지만 그것은 전혀 근거 없는 말이다. 물론 일부 인스턴트커피는 제조과정에서 향과 맛을 내기 위해 사카린 같은 화학약품들을 섞는 경우가 있어 그럴 수도 있다. 헤이즐넛 커피가 그 향 때문에 질 좋은 커피인 줄 아는 사람이 많은데, 사실 그 향은 화학약품으로 만들어낸 것이다. 그러나 커피콩 자체는 전혀 그렇지 않다. 특히 유기농 커피콩으로 만든 커피는 암환자도 마실 수 있을 정도이다.

우리나라에서는 보통 인스턴트커피를 많이 마신다. '다방커피' '자판기커피'가 우리나라의 커피 문화를 대변한다. 우리의 혀와 코는 이미 그 들척지근한 맛과 향에 젖어 있다. 물론 '다방커피' '자판기커피'도 나름대로 맛이 있고 바쁜 도시 생활에서는 제격이다. 나도 한국에 가면 자판기커피를 찾는다. 하지만 커피 자체보다는 커피를 마시는 그 휴식의 시간을 즐기는 것 같다. 진정한 커피의 맛이라면 좋은 커피콩을 직접 볶고 갈고 끓여서 은은한 향과 깊은 맛을 얻을 수 있는 원두커피가 제격이다.

사무실이나 집에 몇만 원 정도의 돈으로 원두를 가는 글라인더와 커피를 끓여 내리는 커피메이커를 구입해 두고 원두를 사서 직접 갈아 마실 수 있게 준비를 해보자. 손님이나 친구가 왔을 때 보는 앞에서 원두를 직접 갈아서 커피메이커에 넣고 커피가 우러나는 동안 대화를 나누면, 상대방은 진동하는 커피 향에 매료되어 대화의 주도권은 나의 것이 될 것이다.

은은한 커피의 향은 상상의 날개를 달아준다. 혀를 자극하지 않는 싱거운 듯한 그 맛은 진정한 자연의 맛이다. 건강을 생각하고, 적도 원시 파푸아뉴기니 고산지에서 커피를 정성껏 가꾸는 원주민들을 생각하고, 가끔은 향기 좋은 커피 같은 친구도 생각하며 마시는 원두커피 한 잔은 여유로운 시간과 편안함을 가져다줄 것이다.

원시의 먹거리

하루 일과를 마치고 집으로 돌아오면 오늘은 또 뭘 해 먹나 하는 큰 고민 한 가지를 해결해야 한다. 그래도 한국에서는 밑반찬이 많아서 밥만 하면 대충 먹을 수 있다. 그것도 귀찮으면 전화 한 통으로 뭐든지 배달시킬 수도 있다. 하지만 파푸아뉴기니에서는 통조림 말고는 값이 제일 싼 쇠고기, 돼지고기, 양고기를 허구한 날 굽고, 볶고, 지져 먹는다. 하지만 고기만 먹고 살 수는 없는 노릇이다. 그럴 때 손쉽게 해먹을 수 있는 요리가 비빔밥이다. 이곳에서 나물 만들기는 무척이나 쉽기 때문이다.

파푸아뉴기니에서는 야채를 '꾸무'라고 하는데, 이곳의 꾸무는 살짝 볶아 소금만 쳐서 먹어도 무척 맛있다. 원시 정글에서 자란 천연 무공해라 무척이나 신선하다. 청경채, 돌미나리, 호박잎, 고사리뿐만 아니라, 사고, 깡꿍, 워터카리스처럼 이름도 잘 알 수 없는 것까지 파푸아뉴기니의 고산지역에는 수많은 꾸무가 있다.

파푸아뉴기니 사람들이 제일 많이 먹는 것은 고구마다. 이곳 고구마에는 세 종류가 있는데, 한국 것과 같은 종류로 겉이 불그스름한 색을 한 것이 그 하나다. 그리고 겉이 하얀색인 것과 노란색인 것이 있다. 익으면 속이 하얀색으로 변하는 것은 밤고구마다. 어떤 것은 주황색으로 변하는데 한국의 호박고구마처럼 아주 달고 맛있다.

온 천지에 먹을 것 투성이인 파푸아뉴기니는 어찌 보면 선택받은 지상천국이다. 화산재로 이루어진 토지는 기름진 옥토이기에 뭐든 심기만 하면 잘 자란다.

이곳 사람들은 저녁 한 끼만 해 먹고 아침과 낮에는 대충 각종 열대과일, 나무열매, 꾸무 등을 먹고 지낸다. 감자, 옥수수, 땅콩, 배추, 무, 당근, 고구마, 토마토, 수박 등 우리나라에서 자라는 것은 물론이고 망고, 파인애플, 바나나, 오렌지, 자몽, 아보카도, 구와바, 만다린, 가루까, 슈가프루트, 패션프루트(시계꽃 열매), 얌, 따루, 타피오카 등 열대지방에서만 자라는 것까지 다 있으니 먹을 것은 정말 풍족하다.

바닷가나 섬 지방에서는 하루 딱 한 번 요리하는 저녁으로, 물고기를 훈제해서 말린 것을 주로 해서 여러 가지를 함께 곁들여 먹는다. 그중에 '싹싹'이라는 것이 있는데 사고야자나무 속살을 물에 헹

구어서 가라앉힌 다음 얻은 앙금, 즉 녹말가루를 불에 익힌 것이다. 또 코코넛 가루를 풀어 놓은 물에 고구마, 얌, 따루 등을 꾸무와 함께 넣고 삶아서 먹기도 한다. 고산지방에서는 고구마, 감자, 옥수수, 얌, 따루 등을 불에 구워 삶은 꾸무와 함께 먹는다.

 인구의 80% 이상을 차지하는 정글 사람들은 대체로 이런 식으로 먹는다. 나머지 20% 정도의 도시 사람들은 보통 쌀로 밥을 짓고 라면, 야채, 통조림 등을 한꺼번에 물에 넣고 끓여 스튜를 만들어서 먹는다.

 이곳에 쌀이 전해진 것은 2차 세계대전 이후였다. 그러나 쌀은 가격이 비싸 도시에서나 평상시에 먹는 편이고 정글에서는 아주 특별할 때 외엔 먹을 수 없는 음식이다. 파푸아뉴기니에서 팔리는 쌀 중 '뜨루까이'라는 상표가 있는데, 뜨루까이는 '진짜 먹는 것'이라는 뜻이다.

 단백질을 섭취할 수 있는 육식은 거의 없는 편이다. 물고기를 제외하고는 악어, 카사와리, 나무원숭이의 한 종류인 카스카스가 전부다. 지금은 모든 가정에서 닭, 돼지를 키워 잔칫날 같은 때 돼지고기를 먹을 수 있게 되었다.

 새의 천국이니만큼 아이들이 간식거리로 삼을 새들은 사방에 널렸다. 그래서 아이들은 고무줄로 만든 새총을 꼭 들고 다닌다. 그중에 '플라잉폭스'라는 박쥐가 있다. 몸뚱이는 비둘기만 하지만 양쪽 날개를 쫙 펼치면 길이가 1m 정도나 되는 플라잉폭스는 주로 무리지어 다니는데, 밤이면 이동하여 먹이를 사냥하지만 낮에는 나무에 거꾸로 매달려 있기 때문에 아이들이 쉽게 잡을 수 있다. 플라잉폭스를 잡으면 즉석에서 불에 구워 먹는다.

바닷가에서 최고의 요리는 팔뚝만 한 바다가재를 잡아 바로 모닥불에 구워 먹는 것이다. 붉게 물들어 가는 적도의 황혼녘에 해변 모래사장에서 먹는 바다가재의 맛은 감히 남태평양 최고의 맛이라 할 수 있다.

즉석 구이 요리인 바비큐는 가장 대중적인 요리다. 사람이 모이는 곳에는 먹을 것이 있기 마련인데 파푸아뉴기니에서는 대개 바비큐다. 원래 바비큐는 통째로 굽는 요리였지만 지금은 먹기 좋게 자른 쇠고기, 돼지고기, 양고기, 닭고기와 소시지 등을 소금만 쳐서 굽는다. 옥수수, 고구마, 감자 등 각종 야채와 함께 먹는 바비큐는 즉석에서 굽는 그 냄새에 매료되고 눈으로 보는 즐거움까지 있는 흥겨운 요리다.

고산지방에서는 정글에서 자란 얌, 따로를 파내서 바로 익힌 다음 모닥불에 하루 종일 구운 멧돼지와 곁들여 먹는데 웬만한 바비큐와는 비교가 안 된다. 여기에 귀한 맥주 한 잔과 진솔한 대화가 더해진다면 남태평양 파푸아뉴기니 최고의 낭만을 즐길 수 있다.

전통음식 무무는 특별한 날에 만들어 먹는 요리다. 구덩이를 파

돼지 사육. 단백질을 섭취할 수 있는 육식은 거의 없는 편이었으나 지금은 모든 가정에서 닭, 돼지를 키워 잔칫날 같은 때 돼지고기를 먹을 수 있게 되었다.

고 불에 달군 돌을 채워 넣은 다음 그 위에 돼지고기, 닭고기 등을 바나나, 얌, 따루 등과 함께 올려 익혀 먹는 일종의 찜 요리이다. 구수하고 담백한 맛이 일품이다.

  가끔은 이웃 현지인들이 무무를 만들었다며 귀한 돼지고기 넓적다리 한 쪽을 잘라 꾸무와 함께 한 대접 갓다줄 때면 이웃의 정이 물씬 느껴진다. 무무는 그런 요리다.

행복한 잔칫날. 전통음식 무무는 특별한 날에 만들어 먹는 요리다. 구덩이를 파고 불에 달군 돌을 채워 넣은 다음 그 위에 돼지고기, 닭고기 등을 바나나, 얌, 따루 등과 함께 올려 익혀 먹는 일종의 찜 요리이다. 구수하고 담백한 맛이 일품이다.

양고기 예찬

파푸아뉴기니 길거리 간이식당에서 가장 흔히 파는 음식은 닭튀김과 감자튀김인 '치킨엔 칩스'이다. 그러나 가장 많이 먹는 음식은 단연 양고기다.

파푸아뉴기니에서 가까운 호주와 뉴질랜드는 목축업의 나라이다. 이 두 나라에서 사육되는 소와 양은 세계 각국으로 수출된다. 그중 털을 다 깎고 난 늙은 양들은 최후에는 양고기가 되어 상당 부분 파푸아뉴기니로 들어온다. 그렇게 들어온 양고기는 1kg에 1500원 정도로 값이 싸 양껏 먹을 수 있다. 파푸아뉴기니 사람들이 가장 많이 먹는 음식이 양고기인 것은 이 때문이다.

처음 이곳에 왔을 때 점심을 먹기 위해서 '카이바'라 불리는 길거리 간이식당에 들른 적이 있었다. 카이바 메뉴의 대부분은 양고기

요리라 그곳에 서면 양고기 특유의 노린내가 다른 모든 냄새를 압도했다. 그 냄새를 맡고는 아무것도 사 먹을 용기가 나지 않아 콜라 하나에 찐 계란 두 개로 점심을 해결하곤 했다. 그렇게 거들떠보지도 않던 양고기였다. 그러나 몇 년 지나지 않아서 역했던 그 노린내가 구수하게 느껴졌다. 먹어보니 육질도 부드러웠다. 그 맛에 반해 지금은 가장 즐겨먹는 음식이 되었다.

이곳에 사업차 온 한국 사람들에게 양고기를 대접한 적이 있었다. 타고 가던 차가 고장 나서 가까운 정비소에 맡겼는데 기다리는 동안 점심시간을 훌쩍 넘겨버렸다. 할 수 없이 요기라도 하려고 근처 딱 하나 있던 카이바에서 튀긴 양고기와 고구마를 사왔다. 카이바에서 파는 유일한 음식이었다.

하지만 모두 양고기는 물론 고구마도 먹지 못했다. 냄새 때문에 만지는 것조차도 꺼렸다. 그저 내가 먹는 모습만 바라보고 있었다. 버리기는 너무도 아까워서 내가 가져다가 다 먹어버렸다.

며칠 후 저녁에 우리 집으로 그 사람들을 초대하여 마당에서 바비큐를 대접했다. 쇠고기, 돼지고기, 양고기 세 가지를 모두 불고기 양념해서 내놓았다. 양고기는 마늘과 참기름을 많이 넣어 냄새를 없앴다. 맥주를 한잔씩 하면서 고기를 굽기 시작하자 사람들은 부드러운 양고기만 먹었다. 쇠고기는 구워 놓으면 조금 뻣뻣하기에 퍽퍽해서 맛이 별로 없는 편이고, 돼지고기는 그런대로 쫀득한 맛이 있다.

그러나 양고기는 입안에 들어가면 살살 녹듯이 정말 부드러운 맛이 일품이다. 갖은 양념을 해놓았기에 냄새로도 색깔로도 전혀 분간할 수가 없었다. 그 사람들은 부드러운 그 고기가 쇠고기인줄 알고 파푸아뉴기니 고기가 정말 맛있다며 열심히 먹었다. 양고기라고 말하면 흥만 깰 것 같아 속으로 미소만 지었다.

파푸아뉴기니 사람들은 한 손에는 튀긴 양고기를 들고 다른 한 손에는 생강과 미나리를 들고서 양고기 한입에 생강과 미나리를 조금 번갈아 가며 먹는다. 생강과 미나리가 양고기의 느끼한 맛을 없애주기 때문이다.

양고기 중 최고로 맛있는 것은 어린양의 옆구리살인 '램플랩(lamb flap)'이고, 그 다음은 어린양을 스테이크용으로 구워 먹기 좋게 자른 '램촙(lamb chop)'이다. 램촙에는 어깨 부위로 만든 '숄더촙(shoulder chop),' 다리 부위로 만든 '레그촙(leg chop),' 목 부위로 만든 '넥촙(neck chop)'이 있다. 그러나 램은 값이 비싸 늙은 양으로 만든 '머튼플랩(mutton flap)'과 '머튼촙(mutton chop)'을 많이 먹는다.

램은 기름기가 많아서 기름기를 제거하고 나면 살이 별로 없다. 머튼은 기름기가 전혀 없고 살도 많으니 더욱 좋다. 그러나 고기가 질겨서 양고기 특유의 부드러운 육질은 느낄 수 없다.

월급 받은 날의 만찬을 위해 뭔가 사갈 때, 남의 집에 선물을 줄 때는 10kg들이 양고기 한 박스가 가장 좋은 선물이다. 우리나라의

소갈비 한 박스보다 더 귀하고 값진 것이다. 그래서 파푸아뉴기니 사람들은 양고기를 먹을 땐 남들 보란 듯이 자랑스럽게 먹는다.

파푸아뉴기니 사람들이 양고기를 많이 먹긴 하지만 제일 좋아하는 음식은 역시 돼지고기다. 하지만 돼지고기는 아무 때나 먹을 수 없는 음식이다. 부의 상징이며 신부 대금이나 전쟁·손해 등에 대한 보상금으로 주고받는 귀한 것이다. 그래서 돼지고기는 정말 특별한 날에만 먹을 수 있는 음식이다.

돼지를 잡아 무무를 만들어 온 동네 사람들에게 분배하는 장면은 무척이나 엄숙해서 재미있다. 돼지의 주인은 고기를 한 치의 오차도 없이 똑같이 나눈다. 그 모습은 마치 정확하게 무게를 달아 파는 정육점 주인 같다. 모든 동네사람들은 그 앞에 조용히 앉아 지켜보면서 자기 이름이 불리기를 기다린다. 돼지의 주인은 가족 대표를 호명해 신중하게 나눈 돼지고기 토막과 야채를 나누어준다. 고기를 받고 불평하는 사람도 있는데, 대개 자기가 돼지를 잡았을 때는 맛있는 다리 부분을 주었는데 오늘 자기에게는 맛없는 부위를 주었다는 그런 불평이다.

이제는 나도 양고기를 며칠 안 먹으면 먹고 싶어진다. 그럴 때면 맛있는 램플랩을 사다가 꾸무들을 넣고 삶아 소금만 쳐서 맛있게 먹는다. 그냥 손으로 집어서 양념도 안 한 양고기를 야채에 싸서 먹는 내 모습은 현지인들과 전혀 다를 게 없다.

시뻘건 입

열대 야자대추나무와 비슷한 종류의 아레카야자나무라는 것이 있다. 빈랑나무라고 불리기도 하는 이 나무에는 꼭대기에 바나나처럼 한 줄기에 꽃이 핀 후 밤알만 한 열매가 주렁주렁 달리는데, 이 열매를 '부아이'라고 한다. 영어로는 '비틀넛'(Beetle Nut)이라고도 하는데, 속에 들어 있는 열매 모양이 꼭 딱정벌레 알처럼 생겨서 붙여진 이름이다.

이 부아이 열매를 '감방'에 찍은 '다카'(버들강아지처럼 생긴 열대 넝쿨식물)와 함께 씹으면 빨간색으로 변한다. 감방은 조개가루를 빻아서 만든 하얀 가루인데, 부아이 열매와 함께 씹히면 화학작용을 일으키기 때문이다. 이 과정에서 열이 나 입안이 후끈 달아오르는데, 이 느낌은 술을 마신 후에 느끼는 열감과 비슷하기에 부아이는 위스

키 같다고들 한다.

부아이는 껌처럼 씹고 뱉어내는 음식이다. 그런데 이 부아이를 씹을 때 침이 많이 생기기 때문에 씹는 동안은 계속 침을 뱉어내게 된다. 시뻘건 침은 보기에 여간 흉측스럽지 않다. 뱉어낸 침과 부아이 찌꺼기만 그런 것이 아니라 씹은 사람들의 입과 이빨도 온통 시뻘겋기에 혐오스럽기까지 하다.

부아이를 씹으면 배고픔을 이길 수 있고 힘이 드는 것도 모르며 피곤함을 이길 수 있다고도 해서 대만, 필리핀, 베트남, 인도네시아, 아프리카 일부 지역 등 대부분의 열대지방 사람들이 부아이를 즐겨 씹는다. 세계보건기구에서는 부아이가 마약 성분이 있는 식품은 아니고 담배와 같은 습관성 식품이라고 밝혔다.

파푸아뉴기니에서는 아이부터 노인까지 남녀구별 없이 전 국민이 거의 다 부아이를 즐겨 씹는다. 태어난 지 몇 개월 안된 갓난아기도 부아이를 씹는다. 엄마가 미리 먹기 좋게 씹어서 아주 조금씩 입어 넣어준다. 이렇게 갓난아기 때부터 부아이를 씹고 자란 아이는 부아이에 중독되어 늙어 죽을 때까지 부아이를 씹으면서 살아가게 된다. 부아이는 담배보다 더 중독성이 심하여서 끊기가 어렵기 때문이다.

부아이에 중독된 현지인들은 하루 종일 부아이를 씹어댄다. 고산지방 도로를 횡단하는 버스를 운전하는 현지인 운전사들은 운전하는 7~8시간 내내 쉬지도 않고 부아이를 씹어댄다. 야간 경비원들은 야간근무를 위해 꼭 부아이를 준비해 둔다. 추위와 졸음을 이기기 위해 부아이는 필수라는 것이 그들의 말이다. 정말로 부아이가 그런 효과를 내는 것인지 아니면 이미 부아이에 중독되어 있기에 그렇게 느끼는 것뿐인지는 모를 일이다.

전해 내려오는 얘기에 의하면 파푸아뉴기니 사람들이 부아이를 씹기 시작한 이유는 자기 방어를 위해서라고 한다. 부족전쟁에서 패한 부족의 여자들은 승리한 부족에게 끌려가 강간을 당하곤 했는데 이 부아이를 씹으면 모습이 너무도 흉측해 강간을 면할 수 있었다.

또 부아이를 씹는 모습 때문에 식인종이라는 이야기가 나왔을 것이란 설도 있다. 시뻘건 입술과 이빨을 한 그 모습은 영락없이 사람을 생으로 잡아먹은 식인종의 모습이었을 것이다.

부아이 한 개의 값은 섬이나 바닷가 지방은 한국 돈으로 100원, 고산지방은 200원 정도다. 하루에 몇 개씩을 꼭 씹어야 하니 결코 적은 돈이 아니다. 또 도시든 시골이든 사람들이 모여 있는 곳이라면 어디나 이 부아이를 씹고 뱉어버린 시뻘건 자국들로 지저분하다. 이 때문에 공공시설 등에는 금연 표시판과 함께 부아이를 금지하는 표시판이 꼭 붙어 있다.

부아이는 어쩌면 파푸아뉴기니가 원시 미개국의 이미지를 벗지 못하는 가장 큰 이유일 수도 있다는 생각이 든다. 그렇기 때문에 내

부아이 금지 표지판. 파푸아뉴기니의 공공장소는 어디나 부아이를 씹고 뱉어버린 시뻘건 자국들로 지저분하다. 이 때문에 공공시설 등에는 금연 표시판과 함께 부아이를 금지하는 표시판이 꼭 붙어 있다.

겐 어느 껌 회사의 광고문구가 우리나라 새마을운동 구호처럼 들리는지도 모른다.

마스키 까이까이 부아이 피케이 타솔!
Maski Kaikai Buai PK Tasol!
(부아이 씹지 말고 PK 껌을 씹자!)

만병통치약

그 땅의 사람들을 가장 잘 치료할 수 있는 것은 그 땅에서 나는 것이기 때문일까, 나라마다 독특한 민간의약이 있다. 파푸아뉴기니 사람들도 각종 나뭇잎, 뿌리 등을 치료제로 사용한다. 이 치료약들은 옛날 우리네 약장수의 외침처럼 잘만 사용하면 그야말로 만병통치이다. 그중 다른 나라에 많이 알려져 있는 것이 노니와 부아메라이다.

건강보조식품 노니주스로 많이 알려져 있는 노니는 필리핀의 팔라완, 인도네시아의 발리, 피지, 타이티, 통가, 하와이 등 남태평양 일대에서 생산되고 있는데 화산 토양에서만 자라는 나무이다. 1년 내내 하얀 꽃을 피우는 노니 나무는 열매인 노니의 모양이 뽕나무의 열매인 오디와 비슷하게 생겨서 '인도뽕나무'라 불리기도 한다. 그러나 노니 열매는 감자만큼 크다.

　　노니는 인체의 유해산소를 제거해 몸의 에너지를 높여주며 소화를 도와 세포의 영양 흡수를 높여준다. 노니 열매는 숙성되면 특유의 고약한 냄새가 나서 원주민들은 과일로는 먹지 않고 열매, 잎사귀, 뿌리 등을 약재로만 사용해 왔다

　　남태평양의 다른 나라들처럼 파푸아뉴기니도 노니주스를 생산하고 있다. 한국에서 1리터 한 병에 처음에는 10만 원이 넘었고 지금은 7~8만 원 정도 하는 것으로 알고 있는데, 파푸아뉴기니 현지에서는 1만2천 원 정도에 팔리고 있다.

　　노니가 하도 좋다고 하기에 직접 딴 것 하고 시장에서 산 것으로 집사람이 직접 2주 이상 숙성시켜 원액 5리터를 만들었다. 여기에 든 노니 열매기 한 만 원어치 정도 되니까 1리터 한 병에 원가는 2천 원 정도라고 보면 될 것 같다. 그런데 원액 100%의 노니는 냄새가 고약하여 먹기 힘들었다. 그래서 반드시 물이나 다른 주스와 섞어서 마셔야 한다. 한국 시중에 나와 있는 노니주스 제품들은 100% 원액이 아니고 먹기 좋게 만든 것이니까 1리터 한 병의 원가는 1천 원 정도밖에 되지 않을 거라 생각한다.

　　나는 노니 주스를 먹고 난 이후 식욕이 나서 살이 찌는 것 같아 복용을 중단하였다. 그러나 노니 주스를 먹고 피로가 없어졌다는 사람, 고질적인 증상들이 완화되었다는 사람, 별 변화가 없었다는 사

람 등 사람마다 효과가 다른 것 같았다. 현지인들은 노니나무 뿌리를 짓이겨 머리에 바르면 머리카락이 새로 난다고 믿고 있다.

어쨌든 노니가 몸에 좋은 것만은 사실인 것 같다. 하지만 비싼 돈을 주고 사 먹어야 할 필요는 전혀 없지 않을까. 그 땅의 사람들을 가장 잘 치료할 수 있는 것이 그 땅에서 나는 것이라면 열대지방 과일이 추운 지방 사람들의 몸에 얼마나 도움이 될까 싶다.

부아메라는 파푸아뉴기니에서는 마루타라고 부르는 나무의 열매로 뉴기니 섬의 2000m 고산지대에서만 서식한다. '부아'는 과일이란 뜻이고 '메라'는 붉은색이란 뜻인데, '블러드프루트(Blood Fruit)'라 불리기도 한다. 붉은 옥수수 같은 모양의 부아메라는 보통 지름이 10~15cm에 길이는 50~60cm이며 무게는 2~3kg 정도 된다. 파푸아뉴기니 사람들은 대개 부아메라 열매를 주스로 만들어 마시는데, 부아메라 열매를 삶아서 토마토소스처럼 뿌려서 먹는 부족들도 있다.

이 부아메라가 에이즈 바이러스를 퇴치하고 각종 암, 당뇨병, 간염, 뇌경색 등 치명적인 질환에 탁월한 효능이 있음이 입증되고 있다고 한다. 부아메라에는 항산화제를 비롯하여 암환자의 치료제로 사용되는 '베타카로틴'이란 물질 등 인체 저항력을 길러주는 물질들이 다량 포함되어 있기 때문이라고 한다. 과연 이 부아메라가 약으로 개발되어 에이즈와 암을 퇴치할 수 있을지 두고 볼 일이다.

섬 지방에는 코코넛크랩이라는 것이 있다. 앞쪽의 집게발 2개는 유난히 크고 꼬리 부분에는 거미처럼 동그란 유낭이 달려 있는데다 색깔도 거무스레해 외계의 괴물처럼 흉측하게 생긴 게다. 코코넛크랩은 낮에는 모래 속에서 숨어 있다가 밤이면 코코넛 나무에 기어올라 열매를 따서 커다란 집게발로 그 단단한 코코넛을 깨서 먹고 산다.

코코넛으로부터 섭취한 지방은 꼬리 부분에 달린 유낭에 저장해 둔다. 이 유낭이 정력제로 최고라고 소문이 나서 한국에서는 한 마리에 백만 원까지 호가하는 걸로 알고 있다. 그러나 이곳에서는 한 마리에 10~20키나(3천5백 원~7천 원 정도)면 살 수 있다. 이곳 사람들은 관심이 없어 잡아봐야 판로가 없기에 잡지도 않는다. 어떤가 싶어 먹어보았다가 설사를 심하게 헤 고생만 했다.

하루는 술을 많이 먹어 술병이 난 적이 있었다. 설사를 많이 하고 누워 있으려니 현지인 친구가 아침에 우리 집에 왔다가 내 상태를 보고는 오후 늦게 다시 찾아와서 나뭇잎 몇 개를 주었다. 그 잎은 정글 깊은 곳에만 자생하는 귀한 약초였는데, 약초를 끓인 다음 그 물을 마시면 금방 낫는다고 했다.

가져온 성의가 고마워 그가 말한 대로 약초를 끓인 물을 마셨다. 그런데 조금 있으니 정말 속이 편안해지고 좋아졌다. 고마운 마음에 그 친구에게 저녁을 대접하며 물어보니 그 약초는 만병통치약이라

부아메라. 부아메라는 에이즈 바이러스를 퇴치하고 각종 암, 당뇨병, 간염, 뇌경색 등 치명적인 질환에 탁월한 효능이 있음이 입증되고 있다고 한다.

고 했다. 정글에 사는 부족들은 그 물을 마시면 모든 속병이 다 낫는 다고 믿고 있단다. 또 모든 상처는 옻나무 잎사귀 같은 걸로 문지르면 낫고, 감기 같은 병들은 생강을 먹으면 낫는다고 했다. 병원이 없는 원시 정글의 생존 치료법인 것이다.

다음날 그 친구가 또 우리 집을 찾아왔다. 이번에는 큰 바나나와 따루 등 먹을 것을 잔뜩 가지고 왔다. 몸이 아프면 잘 먹어야 빨리 낫는다며 많이 먹고 빨리 나으라고 했다. 그 고마운 마음 씀씀이에 아픈 것이 다 나아버렸다.

약이란 것은 사용하는 사람의 마음가짐에 따라 효과가 달리 나타나는 것이다. 정글에서 나는 모든 먹을 것들은 생존에 도움을 준다고 굳게 믿기에 만병통치약이 되는 것일지도 모른다. 원시 자연, 깨끗한 공기, 싱그러운 햇살, 풍부한 먹거리, 이 모든 것들이 하나 되어 삶을 유지해 주기에 파푸아뉴기니 사람들에게는 이곳에서 나는 모든 것이 다 만병통치약이다.

환상의 섬, 마누스

마누스 섬은 파푸아뉴기니 북단에 위치한 2100km² 크기의 섬으로 우리나라 제주도만 하다. 뉴기니 섬과는 1천 km 이상 떨어져 있는 마누스 섬은 남태평양 산호섬 특유의 에메랄드 빛 바다와 하얀 백사장으로 남국의 파라다이스라 불릴 만큼 아름답다.

마누스 섬을 터전으로 삼고 있는 부족들로는 타이탄 족이라 불리기도 하는 마누스 족, 마탕골 족, 내륙 쪽에서 주로 농사를 짓고 사는 우시아이 족이 있는데, 전부 합쳐 3만 명 정도 되며 모두 타이탄어를 사용한다. 마누스 본섬을 비롯하여 200여 개가 넘는 섬으로 구성되어 있는 마누스 지방은 예전에는 카누나 직접 만든 작은 목선을 고기잡이나 부족 간의 무역에 이용했지만 지금은 대부분 딩기라 불리는 모터보트를 이용하고 있다.

작은 섬들에서는 농사짓기가 어려워 주로 고기를 잡아 본섬의 농산물과 물물교환한다. 물물교환은 본섬의 주도 로랭가우에 매일 아침에 서는 시장에서 이루어지는데, 여자들이 주로 이 시장을 이용한다.

마누스 지방의 여인들 중에 머리를 완전히 밀어버린 사람을 볼 수 있는데, 그것은 가족 중에 누가 죽었다는 표시다. 이곳 여자들은 가족이 죽으면 그에 대한 속죄의 의미로 머리카락을 밀어버린다. 파푸아뉴기니의 다른 지방에서도 비슷한 풍속이 남아 있는데, 고산지방에서는 가족 중에 누가 죽으면 손가락을 한 개 자른다.

파푸아뉴기니는 아직 개발이 그리 이루어지지 않아 관광지는 거의 없다. 호텔과 리조트 그리고 스킨스쿠버, 크루저 여행 등을 할 수 있는 각종 위락 시설을 갖추고 있는 곳은 마당이라는 곳뿐이다.

마당은 파푸아뉴기니 최고의 관광지로 명성을 날리고 있다. 마당의 도심은 항구를 중심으로 바다로 돌출되어 있는 반도 지역에 자리하고 있는데, 사방에서 보이는 작은 섬들과 어우러져 한 폭의 그림처럼 아름답다.

마당은 '박쥐의 도시'라고 할 만큼 박쥐들이 많이 서식하고 있는 곳이기도 하다. 어린아이들이나 가끔은 어른들도 이 박쥐를 잡아 간식으로 구워 먹기 위해 대형 새총을 쏘아대는 모습이 재미있는 광경이다. 마당은 파푸아뉴기니에서도 손꼽히는 평화로운 고장으로 알

려져 있다. 치안 부재인 이 나라에서 유일하게 강도가 없어 주택들의 울타리가 낮고 거리를 오가는 사람들이나 공원을 산책하는 사람들의 표정에는 여유가 넘친다.

크랑켓 섬, 마남 섬, 롱아일랜드 등 주위에 크고 작은 아름다운 섬들이 많아 주말이면 가까운 섬들은 피크닉을 즐기는 사람들로 북새통을 이룬다. 마남 섬은 1992년 화산이 활동을 시작해서 북쪽과 동쪽 지역 산에서 용암이 분출하여 4천여 명의 주민들이 일시적으로 피난한 적도 있다. 지금도 화산활동이 진행 중이다.

마당이 잘 꾸며진 곳으로서 파푸아뉴기니 최고의 관광지라면, 마누스 섬은 꾸며지지 않은 최고의 천연 관광지라 할 수 있기에 원시 파푸아뉴기니를 대표할 만하다. 《도전지구탐험대》 촬영팀을 안내해 이곳에 온 것이 나의 첫 방문이었다. 카라못을 빠르게 두드리며 그 리듬에 맞춰 추는 활달하고 독특한 춤인 마누스 춤을 촬영하는 것이 목적이었다. 마누스 본섬 로렝가우 부두에서 보트로 10~20분 정도 걸리는 곳에는 아름답고 작은 섬들이 많은데, 그중 아후스 섬에는 원주민 200명 정도가 살고 있으며 작은 게스트하우스가 있었다.

이 아후스 섬이 우리의 목적지였는데 관광청을 통해 미리 연락을 해놓은 터라 우리가 도착했을 때는 카라못을 연주하며 하얀 백사장에 온 마을 사람들이 나와 춤을 추며 환영해 주었다. 수십 대의 카누에 나누어 타고 에메랄드 빛 바다 위에서 동시에 추는 환영의 춤은 경이롭고 아름다웠다.

　그들과 함께한 고기잡이 또한 장관이었다. 2~3명씩 탈 수 있는 카누 수십 대에 온 마을 사람들이 나누어 타고 산호가 밀집해 있는 지역으로 갔다. 거기서 크게 원형을 이룬 다음 동시에 소리를 지르며 바닷물을 노로 마구 치면서 고기를 몰았다. 놀란 고기들이 산호초 속으로 숨어버리면 작살을 가지고 있던 젊은이들이 물속으로 뛰어들어 고기를 잡았다.

　바다는 무척이나 깨끗해서 꽤 깊은 곳까지 훤히 들여다보였기 때문에 젊은이들이 고기를 잡는 모습을 생생하게 볼 수 있었는데, 마치 내가 직접 고기잡이를 하는 듯한 착각이 들 정도였다.

　캄캄한 밤이 되자 랜턴을 준비하여 30~50cm 크기의 커다란 바닷가재를 잡았다. 야행성인 바닷가재는 랜턴을 비추면 눈이 그 빛을 반사해 반짝이기 때문에 금세 발견할 수 있고 움직이지도 않기에 작살로 쉽게 잡을 수 있었다.

　딩기를 타고 달리면서 낚싯줄을 드리우고 있으니 참치 중 최고로 맛있다는 참다랑어를 쉽게 낚을 수 있었다. 크기도 커서 잡는 손맛 또한 일품이었다. 백사장 가까이에는 1m가 훨씬 넘는 대형 조개들이 산재해 있었다. 비상식량으로 키우는 것이었다. 아후스 섬에서는 열대과일 중에서 오렌지, 만다린, 레몬, 자몽 등과 같은 것들을 통틀어 물리라 부른다. 그중 큰 물리라고 부르는 자몽은 맛이 일품이다.

마누스 섬의 해변. 파푸아뉴기니의 참모습을 보고 싶다면 아름다운 환상의 섬인 마누스만 한 곳이 없다.

마누스 섬은 그 이후로도 여러 번 갔고 여러 프로그램으로 제작되기도 했다.

파푸아뉴기니는 매년 각 지방마다 축제가 열리는데, 대표적인 축제로는 4월 다루 지방에서 열리는 카누 축제, 5월 트로비안드 섬에서 열리는 얌 축제, 7월 라바울에서 열리는 가면 축제, 8월 마운트 하겐에서 열리는 전통 민속춤 대회, 9월 고로카에서 열리는 전통 민속춤 대회와 포트모르스비에서 열리는 히리모알레 축제 등이 있다. 파푸아뉴기니를 여행할 기회가 있다면 이런 축제일에 맞춰보는 것도 괜찮을 것이다.

리조트와 위락시설들이 잘 갖춰진 안전한 관광도시 마당이나 깃털로 화려하게 장식한 남태평양 전통의 원주민 모습을 볼 수 있는 고산지방의 다리도 구경할 만하다. 하지만 뭐니 뭐니 해도 파푸아뉴기니의 참모습을 보고 싶다면 아름다운 환상의 섬인 마누스만 한 곳이 없다.

그 섬에 가고 싶다

　불현듯 그냥 훌쩍 떠나고 싶어 무인도에서 혼자 일주일을 보낸 적이 있다. 제법 큰 무인도에서 아무도 없이, 그것도 두 번씩이나. 로빈슨 크루소도, 《캐스트 어웨이》의 척 놀랜드도 아니면서 말이다.
　파푸아뉴기니 남쪽 밀린베이 지방에는 수백 개의 작은 섬들이 있다. 그중에서도 남쪽 끝에 위치한 그 지방에서 두 번째로 큰 섬 수데스로 낚시를 갔다. 달리는 보트 위에서 낚싯대를 드리우기만 하면 팔뚝만 한 참치를 바로 낚아 올릴 수 있는 곳이었다. 너무나 맛있는 그 참치를 현지인들은 툭툭 잘라 미끼로 쓴다. 깊은 바닷속에 사는 어린아이보다도 더 큰 대형 돔을 잡기 위해서다.
　남태평양 한가운데 나뭇잎보다도 더 초라하게 떠 있는 그 작은 모터보트는 풍전등화다. 참치를 잡으려 보트가 달릴 때는 몰랐지만 바다 한가운데서 대형 돔을 잡기 위해 정박해 있자니 배멀미를 도저히 견딜 수가 없었다. 그래서 멀찌감치 보이는 아무도 없는 무인도로 가 음료수 몇 개와 비상용 통조림을 갖고 보트에서 내렸다. 현지인들은 마른 대형 야자나무 잎으로 비를 피하고 잠을 잘 수 있는 안식처를 급조해 주고는 날이 저물면 엄청 큰 돔을 잡아오겠다고 큰소리치며 가버렸다.

이제 나 혼자다. 고요와 침묵뿐이다. 하루 종일 어떻게 보내야 하나. 내 앞에 놓인 많은 시간에 덜컥 겁이 났다. 우선 섬을 한 바퀴 둘러보았다. 그리 크지는 않은 섬이기에 한 시간이 채 안 걸렸다. 적도 바닷가 한낮의 불볕더위를 견딜 수가 없어 팬티 한 장 달랑 입고 수영을 했다. 그러다 갑자기 '아무도 없는 이곳에서 내가 팬티는 왜 입고 있지?' 하는 생각이 들었다.

훌훌 벗어버렸다. 잠시 멋쩍은 생각이 들었지만 곧 아무 생각도 들지 않았다. 그저 나 자신과 자연이 있을 뿐이었다. 진정한 휴식의 의미를 알 것 같았다. 편하고 평화로웠다. 행복했다.

오후 늦게 정말 고기를 가득 싣고 그들이 왔다. 날이 저물기 전에 돌아가야 한다고 했는데 정말 가기 싫었다. 허우적거리는 삶의 한가운데로 돌아가고 싶지 않았다. 그래서 그냥 나 혼자 더 있기로 했다. 잡아 온 고기 두 마리를 내려놓고는 물과 먹을 것을 가지고 아침에 다시 오겠다며 그들은 떠났다.

다시 나 혼자였다. 밤이 왔다. 어둠은 사정없이 아름다운 적도의 황혼을 가라앉히고 천지를 덮어버렸다. 기온도 뚝뚝 떨어졌다. 어둠 속에서 두려움이 엄습해 왔다. 마른 나뭇가지들을 주워 와 불을 피웠다.

고기를 불에 구웠다. 식욕은 없었지만 맛을 음미하며 먹었다. 적도의 별은 유난히 영롱하다. 고요는 두려움과 평온함을 동반하나 보다. 그냥 꼬박 그렇게 밤을 지새우다 새벽녘에야 잠이 들었다.

중천에 오른 태양에 눈을 채 뜨지 못하고 있자니 그들이 식량을 가지고 왔다. 나는 혼자 있겠다며 내일 아침에 오라고 했더니, 하루 종일 자유롭게 낚시할 즐거움에 신이 나서 돌아갔다.

한낮에는 종일 그 맑은 바닷물 속에 잠겨 지냈다. 손바닥보다도 더 큰 물고기들이 내 몸이 산호인 줄 알고 제집 드나들듯 들락거린다. 오후엔 어김없이 적도의 스콜이 들이닥쳤다. 원시림의 나무 잎사귀는 우산만큼이나 커 잎사귀 몇 장을 떼어내 빗물을 받았다. 목욕하고도 남을 만큼 많은 물이 모였다.

목마를 땐 코코넛을 따서 마셨다. 평생 먹을 코코넛을 그 며칠 동안 다 먹었던 것 같다. 미지근하고 갈증만 더하는 음료수보다 냉장고에서 갓 꺼낸 것 같은 시원하고 감칠맛 나는 코코넛이 더 좋았다. 하지만 덕분에 식욕을 잃고 설사를 해서 고생도 했다. 가져온 음식보다는 그 섬에서 음식을 구했다. 조개, 물고기, 바닷가재, 나무 열매 등을 채집하니 내가 지금 생존을 위해 움직이고 있다는 생각이 강하게 들었다.

며칠을 그렇게 지냈다. 내가 일생에서 처음으로 보내본 진정한 휴가였다.

그 무인도는 내 마음속에 깊이 박혀 불현듯 생각나고 그리워지는 일이 많았다. 그러다가 4년 뒤에 결국 나는 그 섬엘 다시 갔다. 그리고 또 그렇게 일주일을 보냈다. 두 번씩이나 그 무인도에서 내 영혼과 함께했다.

수데스 섬 맞은편에 위치한 그 작은 무인도는 이름도 없다. 에메랄드 빛 바다와 새하얀 백사장으로 둘러싸인 계란프라이 모양의 전형적인 남태평양 산호섬이다. 그곳엔 아무것도 없다. 섬은 원시 자연 그 자체일 뿐이다. 하지만 거기엔 지금도 나 사신의 깨끗한 마음이 머물러 있다. 그곳에서 나는 그저 존재했을 뿐이다.

또 그 섬에 가고 싶다. 그러나 이번엔 혼자가 아니라 진정 사랑하는 사람과 함께 가고 싶다. 아름다움과 편안함 그리고 진정한 행복감을 나누고 싶다.

수데스 섬 맞은편의 작은 무인도. 일생에서 처음으로 보내본 진정한 휴가였다. 이름도 없는 무인도에서 나는 내 영혼과 함께했다.

화산의 도시, 라바울

　파푸아뉴기니에서도 뉴브리튼 섬은 가장 화산활동이 활발한 지방인데, 그중 라바울이 가장 심하다. 라바울은 지금도 거의 매일 미세한 지진이 계속되고 있고 화산은 연기를 뿜어내고 있다.
　라바울은 1994년에 화산이 폭발하여 엄청난 피해를 입은 후 아직까지도 예전의 모습을 되찾지 못하고 있다. 2003년 5월에도 커다란 연기가 뿜어져 나와 또 화산이 폭발하는 것은 아닌가 하고 걱정들을 했다. 라바울 화산폭발이란 말이 나올 때마다 우리 집 전화통에는 불이 났다. 섬 지방인 라바울에 화산이 폭발해도 고산지역에 살고 있는 나는 아무 영향이 없지만 마치 파푸아뉴기니 전체가 화산에 노출되어 어떻게 되는 줄 알고 걱정해 주시는 분들이 많았기 때문이다.

뉴브리튼 섬은 1700년 영국의 탐험가 윌리엄 댐피어(William Dampier)가 발견하였다. 뉴브리튼 섬은 동쪽과 서쪽으로 나뉘어져 있는데, 17만 명이 살고 있는 동쪽 뉴브리튼의 주도인 라바울은 1910년 독일이 점령한 후 식민지 개발 거점으로 신설한 항구다. 현지어로 맹그로브 숲이란 뜻의 라바울은 뉴브리튼 섬을 비롯해 인근 뉴아일랜드 섬, 보건빌 섬, 솔로몬 섬들의 파푸아 지방의 중심지가 되어 번창하였다.

뉴브리튼 섬에 살고 있는 부족으로는 섬 전역에 살고 있는 톨아이 부족이 8만여 명으로 가장 규모가 크며, 바이닝 부족, 술카 부족, 타우릴 부족 등을 합쳐 5천 명 정도 된다. 모콜콜스 부족은 30여 명이 채 안되는 아주 작은 규모의 부족으로 라바울로부터 100km 이내에 살고 있다.

1937년 3월 불칸 화산이 폭발하고 3일 후 마투핏 화산이 폭발하여 500여 명의 톨아이 부족이 사는 마을 전체가 몰살당하기도 하였다. 1994년 9월 18일 일요일에 불칸 화산이 폭발하여 라바울 도시 전체에 화산재가 3m나 쌓였다. 화산폭발 후 바로 비가 내리자 물을 먹은 화산재의 무게를 견디지 못해 건물이 무너져 폐허가 되다시피 하였다. 그러나 사람들은 무사히 도시를 빠져나올 수 있었다. 당시 라바울에는 한 한국 교민이 조개단추 공장을 운영하고 있었는데, 그 사건으로 큰 피해를 입고 라바울에서 철수했다.

파푸아뉴기니와 일본 열도는 같은 지진대에 속한다고 한다. 1937년 마투핏 화산폭발 때 일본에서도 미세한 지진들이 있었다. 또 라바울에 미세한 지진이 끊이지 않고 계속되던 1920년대에 일본에서는 1923년 관동대지진이 있었다.

1994년 9월 불칸 화산이 폭발하였을 때도 많은 사람들이 일본에 곧 큰 지진이 일어날 것이라 예상했다. 그 네 달 후인 1995년 1월에 일어난 지진이 바로 고베 대지진이다. 6천4백여 명이 사망하고 4만여 명이 부상당했으며 피해액이 1천억 달러를 넘었던 고베 대지진은 역사상으로 경제적 손실이 가장 컸던 지진으로 기록되고 있다.

이러한 이유 때문에 파푸아뉴기니에 화산이나 지진이 발생하면 일본인들은 신경을 곤두세운다. 그래서 일본인은 라바울을 항상 관심 있게 지켜본다.

라바울이 폐허가 되자 라바울에서 20km 떨어진 코코포라는 곳에 새로운 도시를 건설하였으나 화산의 영향권에 있기는 라바울 시내와 마찬가지이다. 현재 라바울에는 1만5천여 명이, 코코포에는 2만여 명이 살고 있다.

화산이 있는 곳엔 온천이 있다. 바블리비치 온천은 라바울을 방문한 관광객들이 즐겨 찾는 명소이다. 라발란카이아 산에 올라보면 라바울 도시 전체와 항구 옆쪽에 연기를 뿜어내고 있는 불칸 화산의 모습을 한눈에 볼 수 있다.

화산의 도시 라바울. 을씨년스럽게 그대로 남아 있는 2차 세계대전의 흔적들, 도시 뒤편에 쌓여 있는 화산재를 바라보면 폐허의 도시, 죽음의 도시가 연상될 뿐이다. 그러나 라바울 주민들은 서슴없이 '사랑스러운 라바울'이라고 말한다.

라바울을 방문할 때마다 느낌은 항상 똑같다. 시내를 잠시만 걸어도 화산재로 눈이 따갑고, 입안이 까끌까끌해지고, 온몸이 땀과 화산재로 범벅이 된다. 도시 전체는 2차 세계대전의 전쟁박물관 그 자체이다. 시내 곳곳에 이곳저곳 뚫려 있는 대피소 터널들, 대공포, 벙커, 선박 등이 을씨년스럽게 그대로 남아 있다. 여기에 도시 뒤편에 쌓여 있는 화산재를 바라보면 폐허의 도시, 죽음의 도시가 연상될 뿐이다.
　그러나 라바울 주민들은 서슴없이 '사랑스러운 라바울'이라고 말한다. 그들의 세상은 라바울이고, 라바울이 곧 그들의 삶이기 때문이다.

남태평양 최고봉, 윌헬름 산을 오르다

내가 다니던 중학교는 도봉산 자락에 자리 잡고 있어 교실 창밖으로 백운대가 보였다. 그 백운대를 볼 때마다 한번은 꼭 올라가야지 했다. 그렇게 중학교 3년 내내 다짐만 하다가 20년 후에야 그 생각을 실행에 옮길 수 있었다. 그런데 지금은 1640m 고지의 산속에서 17년을 살고 있으니 이런 아이러니가 없다.

우리 집에서 가까운 곳에 남태평양 최고봉 윌헬름 산이 있다. 높이가 4508m인 이 봉우리를 볼 때마다 역시나 한번은 꼭 가보리라 생각하고 있었다. 그러던 어느 날 한국대학산악연맹에서 연락이 왔다. 윌헬름을 등정할 남녀 대학생 20여 명의 안내를 부탁했다.

당시에는 이라크에서 한국인 인질이 살해되는 사건이 일어나고 얼마 안되던 때라 재외공관의 분위기가 좋지 않았다. 한국대한산악

연맹의 제안을 대사관에 전하니 역시나 긴장하는 눈치였다. 나도 좀 귀찮기도 하고 가본 적도 없고 해서 위험 지역이라 어렵겠다고, 여기보다는 안전한 뉴질랜드가 낫겠다고 답을 줬다. 결국 그들은 뉴질랜드로 목적지를 바꿨고 윌헬름 등정은 또 계속 마음속의 일로만 남았다.

그런데 새로 들어온 현지인 직원 한 명이 윌헬름 밑 동네에 사는 사람이었다. 우기에 접어들면 5개월 정도는 등산이 거의 불가능해지는데 마침 우기 전이었다. 가장 좋은 기회가 왔다고 생각하고 2002년 10월 어느 주말, 현지인들은 윌리엄 산이라고 부르는 남태평양 최고봉 윌헬름에 도전했다.

첫째 날(10월 22일 금요일).
오전 11시 아침 겸 점심을 든든히 먹고 현지인 직원 존과 함께 용감하게도 별 준비 없이 마운트하겐을 출발했다. 최저 18°C, 최고 28°C의 그리 덥지 않은 날씨였다. 3000cc, V6 엔진에 4륜구동으로 힘이 좋은 미츠비시 '파제로' 지프차는 산악 지형엔 그만이었다. 이 지프차로 1시간 30분 정도를 달려 진부 주의 주도인 군디아와(1800m)에 도착하여 잠시 쉬었다. 그 후 계곡의 멋진 경관은 쳐다볼 여유도 없이 낭떠러지 계곡이 아찔한 산악도로를 기어가듯 또 1시간 30분을 달려 등정 기점인 케그스걸(2550m) 마을의 베티 게스트

하우스에 오후 3시경 도착하였다.

게스트하우스 여주인 이름이 베티인데, 베티는 현지인으로 호주인과 결혼하여 이곳에서 20년 넘게 등산 안내를 하며 바로 옆에 흐르고 있는 맑은 개울물에 송어를 양식하고 있다. 저녁에 팔뚝만 한 큰 송어 2마리를 사서 근처에서 나는 신선한 무공해 야채를 곁들여 맛있게 회를 먹었다.

등정에는 세 가지 방법이 있다고 한다. 밤 12시경 게스트하우스를 출발하여 밤새 걸어서 아침 8시경 정상에 도착한 후 바로 하산하여 오후 6시경 게스트하우스로 다시 돌아오는 무박 18시간 강행군이다. 주로 전문 등산가들이 이 방법으로 오른다고 한다. 나 같은 초보자로선 그저 감탄스러울 뿐이었다.

두 번째는 마운트하겐에서 출발하여 게스트하우스에 도착한 후 숙박하지 않고, 곧장 4시간 등정하여 푼테 호수 산장에서 숙박하고 5시간 정상 등정한 다음 푼테 호수를 거쳐 게스트하우스까지 9시간 하산하여 숙박하는 2박 3일 방법이다.

그리고 마지막으로 게스트하우스에서 숙박하고 푼테 호수까지 4시간을 등정한 후 푼테 호수 산장에서 숙박하고 그 다음날 정상까지 5시간 등정한 후 하산하여 푼테 호수 산장에서 다시 숙박하고 4시간 하산하는 3박4일 방법이다.

두 번째 방법이 제일 괜찮은 것 같았으나, 나는 초보자 중에서도 초보자였기에 제일 쉬운 마지막 방법을 택하기로 했다.

　게스트하우스 곳곳에는 세계 각지의 산악회 스티커들이 자랑스럽게 붙어 있었다. 자세히 살펴보니 한국말이 씌어 있는 스티커도 있었다. 언제 다녀갔는지는 모르겠지만 한국 사람도 다녀갔다는 것이 신기하기도 하고 반갑게 느껴졌다.

　고산지대인지라 오후 6시가 지나니 날이 어두워지기 시작하였고 기온이 급격히 떨어져 체감온도는 영하였다. 밤은 깊어가고 모닥불도 꺼져가고 재 속에 묻어두어 맛있게 익은 고구마도 거의 다 먹었다. 조금이라도 잠을 자야 될 것 같아 방으로 들어와 잠을 청하였다.

　KBS 파푸아뉴기니 현지통신원 겸 현지 코디네이터의 일을 맡고 있었기에 기본적인 탐험 장비들은 구비해 놓고 있었다. 하지만 꽤 좋은 편인 한국산 침낭도 그 추위에는 소용이 없었다. 결국 군용 판초우의를 꺼내 몸에 말았더니 조금 나아졌다. 하지만 여전히 잠을 이룰 수가 없어 거의 뜬눈으로 밤을 새우다시피 하고 말았다.

　열대 적도지역이라 해변가 지방은 보통 33°C 정도, 섬 지방은 37~38°C 정도로 더운 편이지만, 내가 사는 고산지방은 최저 온도가 12~14°C까지 내려가는 터라 추위에는 익숙하다고 생각했는데 이곳에서 느껴지는 추위는 그런 수준이 아니었다.

둘째 날(10월 23일 토요일).

날이 밝아 쌀을 씻으려고 냇물에 손을 담그니 손이 잘라질 것처럼 시리다. 한국에서 영하 10°C 되는 추운 겨울에 설악산 오색 계곡 찬물에 손을 담갔을 때도 그 정도는 아니었고, 가장 추운 1~2월에 군대 혹한기 훈련을 받으며 야외 텐트 생활을 할 때도 이 정도는 아니었다. 결국 밥은 포기하고 가져간 라면에 통조림과 야채를 넣고 끓인 라면스튜로 아침을 대신했다.

함께 간 존이 안내를 잘하겠지만 혹시라도 있을 만일의 사태를 대비하기 위하여 게스트하우스 주인 베티의 소개로 건장한 20대 현지인 청년 2명을 더 고용해 안내와 짐 운반을 맡기기로 했다. 이렇게 4명이 한 팀을 이루어 출발했다.

4시간 정도 걸린다고 했던 길을 걸은 지 5시간이 지나니 숲과 계곡이 사라지고 푸른 초원지대가 펼쳐졌다. 그 뒤로 곧 푼테 호수(3550m)의 통나무집 산장이 나타났다.

1990년 오토바이 사고로 오른쪽 다리를 다쳐 큰 수술을 받은 적이 있었다. 의술이 발달했기에 정상으로 완치되었지만 무리를 해서인지 수술한 오른쪽 다리가 계속 시큰거려 신경이 쓰였다. 이 때문에 더 힘을 주어서 그랬는지, 군용 정글화 탓인지 왼쪽 뒤꿈치에는 물집이 생겼다.

이곳 산장은 최저 기온이 5°C 이하라고 해 굉장히 추울 거라 걱정을 많이 했다. 그런데 전날 너무 추위에 떨어 그런지 그런 대로 견딜 만 했다. 밥을 지어 먹고 억지로라도 잠을 자야 될 것 같아 초저녁부터 잠자리에 들었다.

셋째 날(10월 24일 일요일).

새벽 일찍 추위를 떨치기 위해 라면을 끓여 국물과 함께 먹으니 몸에 온기가 돌아오는 듯했다. 아침 식사 후 정리를 마치고 푼테 호수 산장을 출발하였다. 호수 옆에는 큰 폭포가 장관을 이루고 있었다. 정상까지 가는 동안에는 식수가 없기에 수통 2개를 물로 가득 채웠다. 해발 4000m가 넘는 정상 부근이라 거의 암벽과 돌뿐이어서 걷기가 상당히 어려웠다.

산행한 시간은 5시간밖에 안되었으니 며칠이니 걸어온 것 같은 착각이 들 정도로 긴 시간이었다. 발밑만 보고 걸었다. 아무 생각도 할 수 없었다. 인내심을 시험받듯 그저 발걸음을 옮겼다.

오전 12시가 넘어서 윌헬름의 정상(4508m)에 도착했다. 최저 기온이 0°C 전후라고 했는데 낮이라 그런지, 산을 오르느라 땀을 흘려서 그런지 그리 춥지는 않았다. 1년에 한두 번 눈도 내린다는데 정상에 눈은 없었다. 발밑은 구름에 덮여 4000m 가까운 고봉들의 끝자락만 보일 뿐이었다. 수천 년 원시 자연을 지켜온 윌헬름은 그렇게 거기 숨 쉬고 있었다.

아주 깊이 천천히 공기를 들이마셨다. 내가 생존해 있다는 사실을 확인하고 싶었다.

가져간 비스킷과 고기 통조림으로 요기를 하고 푼테 호수 산장을 향해 하산 길에 올랐다. 돌아오는 길은 고행이었다. 수술한 오른쪽 다리는 계속 저렸고 물집 잡힌 왼쪽 다리는 내딛는 걸음마다 쓰라렸다. 짐은 존과 짐꾼들이 다 짊어지고 나는 옷가지 몇 개 넣은 가벼운 배낭 하나 달랑 짊어졌을 뿐인데도 너무 힘들었다.

결국 양쪽 어깨를 부축 받으며 내려올 수밖에 없었다. 너무 힘들었고 자신감도 없었다. 육체의 고통으로 아무 생각도 없었다. 정상을 등정했다는 기쁨도 느낄 수 없었다. 그저 피곤할 뿐이었다. 추위에 덜덜 떨면서 또 그렇게 밤을 지새웠다.

넷째 날(10월 25일 월요일).

푼테 호수 산장을 8시에 출발하여 케그스걸 게스트하우스에는 오전 12시경에 도착하였다. 비참하게 포기하지 말자는 생각으로 최후까지 내 스스로 걸을 수 있기만을 바랄 뿐이었다. 그렇게 비몽사몽 하산했다. 아무 일 없이 돌아올 수 있었던 것이 천만다행이었다. 집에 가져가려고 송어를 몇 마리 사고 간단히 점심식사를 마친 후 오후 1시쯤 게스트하우스를 출발하였다. 자동차가 보이자 그렇게 반가울 수가 없었다.

내가 끌고 가는 건지 차가 나를 데리고 가는 건지 알 수 없는 몽롱함 속에서 운전을 했다. 오후 4시경 집에 도착하니 피곤이 한꺼번에 밀려와 다음날 오후까지 죽은 듯이 잤다. 송어 회도 윌헬름 산도 잊은 채 잠 속에 빠졌다. 마운트하겐도 나름대로 고산지대인데다 10년 넘게 꾸준히 골프를 쳐온 터라 걷는 것은 자신 있었지만, 산을 오른다는 것이 그렇게 고통스럽고 힘든 일인 줄은 몰랐다.

고산 초원, 호수 옆의 폭포, 원시 산악 마을 등 많은 다양한 볼거리와 뛰어난 경치를 즐길 수 있는 길이었지만 정상 등정만을 위해 그 모든 것을 포기해야 했다. 그래도 등정 후엔 감히 윌헬름 산을 정복이라도 한 승리자인 양 "윌헬름 산을 등정했다" "정상에 갔다 왔다"며 미구 떠벌리고 다녔다. 내 주제 파악도 못한 교만으로 시금 생각해 보면 정말 창피한 짓이었다.

나는 지금도 등산을 잘 모른다. 아니 등산을 할 자격이 없는지도 모르겠다. 산이 거기 있기에 그냥 오를 뿐이라는 평범한 진리도 모르고 내 것으로 만들어보겠다는, 정복해 보겠다는 당치않은 욕심으로 산에 올랐으니 산이 나를 받아주었을 리가 없다. 수천 년 숨 쉬며 그곳을 살아온 윌헬름에서 고산병의 저체온증으로 덜덜 떨며 고통스러워했을 뿐이다. 나는 위대한 산과 함께 호흡하지 못했다.

산은 교만하지도, 호락호락하지도 않다. 그저 묵묵히 그곳에 있

을 뿐이다. 위대하다, 아름답다, 두렵다, 이런 감정들은 모두 보는 사람들의 것이다. 산은 산일 뿐이다.

나는 이제 윌헬름 산을 알게 되었다. 언젠가는 다시 한번 윌헬름 산과 숨 쉬며 진정 함께하고 싶다.

2

21세기의 원시 문명

식인종이 사는 나라?

어렸을 때 재미있게 보던 만화가 있다. 그 만화에는 표류하다 남태평양의 한 섬에 들어간 사람이 코에 뼈다귀를 꿰어 차고 북을 치며 나타난 식인종 원주민들에게 잡혀 큰 통에 넣어져 삶아지는 장면이 나왔다. 그 섬은 아마 파푸아뉴기니였을 것이다.

광활한 호주 대륙에 캥거루와 코알라를 제외하곤 토착 동물이 없듯이 호주 대륙에서 떨어져 나온 뉴기니 섬에도 카스카스라고 불리는 작은 나무캥거루 외엔 토착 동물이 전혀 없다. 뉴기니 정글에는 먹을 것이 무궁무진하지만 단백질을 섭취할 수 있는 육류는 악어, 물고기, 새 등을 제외하곤 없다. 때문에 식인은 모자라는 단백질을 섭취하기 위한 방편이었을 수도 있다.

파푸아뉴기니에는 각기 다른 9백여 부족이 살고 있는데, 그중 북

쪽 해안 지역의 모로베, 고산지방의 하일랜드, 남쪽 바닷가 웨스턴의 몇몇 부족에게 식인풍습이 있었을 거라고 추측된다.

특히 하일랜드의 장례풍습과 전통 음식 무무에서는 식인풍습의 흔적이라 여겨질 만한 면이 남아 있다. 이 지방의 어떤 부족은 장례식을 할 때 장작처럼 쪼갠 나무토막을 하나씩 어깨에 메고 줄을 서서 시신의 뒤를 따른다. 또 그들의 전통음식 무무는 땅에 구덩이를 파 불에 달군 돌을 넣은 다음 그 위에 돼지나 닭 같은 고기와 각종 채소를 올려놓고 바나나 잎 등으로 덮은 뒤 그 위를 다시 흙으로 덮어서 몇 시간 동안 익히는 일종의 찜 요리이다.

이렇게 장례식의 장작 행렬이나 땅속에 파묻어 익혀 먹는 요리 방식에서 시신을 먹지 않았을까 짐작해 볼 수 있다. 실제 하일랜드의 어느 부족은 가까운 친척들이 조문의 의미로 죽은 시신의 살점을 먹는다고 전해진다.

파푸아뉴기니 원주민들이 인육을 먹었다는 역사적 기록은 많이 있다. 그러나 이들 기록은 역사적 배경과 함께 살펴보아야 한다.

1876년 이탈리아 탐험가 알부르티스(Luigi D. Alburtis)는 웨스턴과 걸프 지방에 걸쳐 있는 플라이 강을 탐험하면서 원주민들을 마구 살상하고 부족의 성지인 탐부란하우스에 모셔놓은 조상의 두개골 등을 약탈하는 만행을 저질렀다. 그 이듬해인 1877년 다시 플라이 강 탐험에 나섰을 때 원주민들은 이들에게 공격적으로 대응했다. 그 결과 더욱 많은 원주민들이 무차별 살상되었다.

원주민들에게 백인들은 부족을 죽인 살인자였다. 그러니 1901년 걸프 지역에 있는 고아리바리 섬에 백인 선교사들이 들어갔을 때 원주민들로부터 어떤 대접을 받았을지는 쉽게 상상할 수 있는 일이다. 선교사 10명이 원주민들에게 잡아먹혔다.

같이 들어갔던 선교사들 중 일부가 탈출하여 이 사실을 포트모르스비에 있던 행정당국에 알렸다. 행정당국은 고아리바리 섬에 가서 24명의 원주민을 사살하고 모든 탐부란하우스를 불살라 버렸으며 그 이듬해에 선교사 시신을 수습한다고 다시 가서 원주민 50여 명을 또 사살하고 돌아왔다. 이 사건이 호주 본국의 문책을 받자 포트모르스비에 있던 행정당국은 원주민들을 식인종으로 몰았다. 이 사건이 전 세계에 알려지면서 파푸아뉴기니는 식인종의 나라가 된 것이다.

파푸아뉴기니 부족들이 정말로 식인종이었다면 당연히 전부 다 죽여 멸종시켰어야지 왜 몇 명만 죽이고 다른 원주민들은 그대로 살려두었을까? 그것은 선교사 10명의 일이 단순한 보복이었을 뿐 부족 전체가 식인을 한 것은 아니었다는 증거일 수도 있다.

호주에 들어온 백인들은 광활한 호주대륙을 점령하기 위해 토착 원주민들을 보는 즉시 무차별 살해해 멸종 위기로까지 몰고 갔다. 그렇게 해서 호주를 자기 영토로 만들었던 것이 지금의 호주인들이

다. 이들이 뉴기니 섬을 점령하고 다른 이들의 접근을 막기 위해 뉴기니 원주민들이 식인종이란 소문을 퍼뜨린 것일 수도 있다.

지금도 파푸아뉴기니는 치안 부재의 나라로 알려져 있어 찾는 사람이 많지 않다. 독립국가인데도 여전히 호주의 영향권에서 벗어나지 못하고 있는 것은 이러한 평판 때문이다. 호주가 정책적으로 그러한 평판을 부추기는 것일지도 모른다.

몇 년 전에는 해안지방의 도시에서 2명이 실종된 사건이 발생했는데, 며칠이 지난 후 도시에서 차량으로 2시간 떨어진 정글 숲에서 엉덩이와 넓적다리 살만 도려내어진 채 버려져 있는 그들의 시신이 발견되었다. 시신이 발견된 지역은 공교롭게도 식인종 부족이라고 불리어지던 부족의 마을 근처였다.

이 사건은 많은 추측을 불러 일으켰다. 악어, 들개 같은 동물에 의한 사고라 했지만, 많은 사람들은 식인종 부족 원주민들이 자기 부족의 존재를 과시하기 위해 일부러 그런 것이라는 추측을 믿었다. 때문에 앞으로 계속 사람을 잡아먹기 위해 납치와 살인을 저지를 것이라고 도시 전체가 공포에 떨기도 했다.

옛날에는 진짜 식인종 부족이 있었는지는 모르겠지만, 이미 100여 년 전 식인풍습은 사라졌다고 한다.

한국에 있는 많은 사람들이 걱정하는 마음에서 왜 하필이면 식인종이 사는 나라에서 사느냐고 당장 돌아오라고 했다. 식인종이 사는 원시 미개국으로만 생각하기에 지금도 모르고 깊은 정글 속에 들어가면 식인종 원주민에게 잡아먹히는 줄 알고 있다.
　그 적도 남태평양 식인종의 나라 파푸아뉴기니가 내가 17년째 살고 있는 제2의 고향이며 나의 생활 터전이다.

식인종 원주민? 코에 뼈다귀를 꿰어 차고 북을 치며 다니는 이 모습은 우리가 식인종 하면 떠올리는 전형적인 모습이다. 하지만 이미 100여 년 전 식인풍습은 사라졌다.

화이트만

우리 회사는 파푸아뉴기니에서 주정부로부터 건설공사를 하청받아 일을 한다. 이것저것 작은 공사들은 여러 지역에서 많이 했지만 멘디에서 타리를 연결하는 지방도로를 보수 확장하는 일은 제법 큰 공사였는데, 파푸아뉴기니에서 내가 맡은 2번째 공사였다. 사무실을 나와 아침 일찍 비포장 길을 덜덜거리며 40여 분 정도 가면 공사 현장이다. 1800m 고산지 계곡 아래로 구름이 깔리고 황홀한 경치가 펼쳐지는 그곳이 바로 나의 일터였다.

현장에 도착하면 직원들은 '모닝뚜루!'(Moning tru. Good Morning) 하며 반갑게 인사를 해왔다. 작업 사항을 지시하고 현장을 왔다 갔다 하다 보면 벌써 동네 아이들 서너 명이 "화이트만(White Man)"을 외치며 몰려들어 나를 따라다녔다(영어 발음으로는 '화이트 맨'이지만 피

진어 발음으로는 화이트만이다). 우리도 옛날에 노랑머리의 코 큰 서양인만 보면 무조건 미국사람이라고 했듯이 이들도 외국인은 무조건 화이트만이라 부른다.

늘 그렇듯이 아이들은 나를 동물원 원숭이 보듯 신기해하며 하루 종일 따라다녔다. 1년 학비 100키나(3만 5천 원 정도)가 없어 학교를 못 간 가난한 산골 아이들은 나를 소일거리로 삼았던 것이다. 나는 그들을 위해 항상 현장에 나올 때마다 사탕을 한 주먹씩 주머니에 챙겼다. 아이들은 사탕을 '캔디(Candy)'라고 하지 않고 '롤리팝'(Lollipop. 막대사탕)의 준말인 '롤리'라고 하는데, 산골에서는 조금은 귀한 아이들의 군것질거리다.

나는 미8군 공병단 본부가 주둔했던 경기도 파주 광탄에서 태어나 9살까지 그곳에서 살았기에 미군들과 늘 가까이 지냈다. 그래서 초등학교에 들어가기 전부터 무슨 뜻인지도 모르고 '기브 미 초콜릿'을 입에 달고 살았다. 가끔 재수가 좋으면 미군 전투식량인 '씨레이션'을 통째로 얻을 수도 있었다. 우리는 그렇게 약삭빨라야 뭔가를 얻을 수 있음을 배웠다. 그러나 여기 아이들은 달라고 할 줄을 전혀 몰랐다. 내가 사탕을 꺼내 주어야만 '스위트 롤리' 하며 좋아했다.

마을 부족장의 3살짜리 손자 조는 항상 발가벗은 채 엄마 치마 자락을 손에서 놓지 않고 아장거리며 엄마를 따라다니는 모습이 여간 귀엽지가 않았다. 나만 보면 기겁하고 울면서 도망만 다녔는데 볼 때마다 사탕을 주며 예뻐했더니 나중엔 제법 미소까지 지으며 눈과 입으로 아는 척을 했다.

점심때가 되어 현장 직원 숙소의 가정부가 직원들 점심인 고구마, 따루 등을 한 바구니 가득 삶아 가져오면 즉석 장이 서곤 했다. 눈치 빠른 동네 아줌마 몇 명이 바나나, 파인애플 등을 가지고 나와 모여들기 시작하면 온 마을 사람들이 다 나왔다.

집에서 만든 주먹만 한 밀가루 빵은 35원 정도, 물 대신 먹는 사탕수수는 1m쯤 뚝 잘라 35원, 바나나는 한 손에 200원도 안되고, 아이 머리보다도 훨씬 큰 파인애플은 350원 정도했다. 직원들의 후식을 듬뿍 사서 온 동네 사람들과 다 같이 잔치하듯 나누어 먹었다.

점심때가 지나면 햇살이 뜨거워진다. 오후 햇살이 더욱 뜨거워지는 날에는 건기(4~10월)에도 스콜이 시작된다. 퍼붓듯 세차게 내리는 비에 어찌할 도리 없이 작업은 잠시 중단되었다. 그러면 직원들과 온 동네 사람들이 한데 모여 뭐가 그리 좋은지 이야기꽃을 피우며 희희낙락거렸다. 가난해도 마냥 행복한 모양이었다.

한국에서도 집을 지어본 적이 있는데, 공사를 하고 있으면 동네 사람들이 시끄럽다, 먼지가 난다며 달가워하지 않았다. 구청에 신고해서 공사중지 명령을 받아오는 일도 꽤 있었다. 그러면 큰 손해를 보곤 했다. 한국처럼 심하진 않지만 이곳에서도 비슷한 일이 자주 일어났다.

공사현장. 멘디에서 타리를 연결하는 지방도로를 보수 확장하는 일은 제법 큰 공사였는데, 파푸아뉴기니에서 내가 맡은 2번째 공사였다.

타리를 터전으로 삼고 있는 부족은 훌리위그 부족이다. 이들은 삼각형 모양의 모자 같은 가발을 쓰고 얼굴에 노란색을 칠하는데, 파푸아뉴기니 원주민의 대표적이 모습이라 할 수 있다. 이 부족은 언어도 전통 춤도 억세고 역동적인 것이 전형적인 고산지대 문화를 갖고 있다. 사람들도 고산지대의 부족답게 전투적이고 용감하다. 타리 옆에 위치한 쿠두부는 원유와 가스가 생산되고 파푸아뉴기니에서 돼지가 제일 많이 사육되는 곳이다. 이러한 환경 때문에 훌리위그 부족은 생활력과 자부심이 강하다. 처음에는 낯선 이방인이 들어와 공사를 한답시고 자기 동네를 마구 파헤치니 이 자부심 강한 부족이 곱게 볼 수 없었을 것이다.

내가 맡은 공사는 비포장도로를 보수·확장하고 기존 도로를 넓히는 아주 기본적인 공사였다. 그곳 도로는 1년 내내 자라는 잡풀이 배수로를 막아 배수가 제대로 되지 않는 바람에 곳곳이 심하게 파여 있었다. 또 작은 교량은 낡고 파손되어 엉망이었다. 도로 사정이 좋아지면 커피콩 등의 농산물을 큰 도시로 원활히 공급할 수 있어 소득 증대에 좋을 텐데 그들은 당장 눈앞의 이득을 챙기는 데만 관심이 있었다. 그래서 협조는커녕 사사건건 트집을 잡았다. 일주일에 두세 번 정도 점검하는 일을 빼고 현장은 주로 현지인 토목기사에게 맡기고 나는 현장사무실에서 대민 업무에 집중했던 것도 이런 이유 때문이었다.

정글 오지에서의 공사의 성공 여부는 현지인들의 협력에 달려 있다. 부족장에게 'PRO'(Public Relation Officer, 대민관계담당자)라는 직책을 주고 그들의 요구는 될 수 있는 한 다 수용하는 것도 그 때문이다. 부족장의 집이나 부족 유지의 집을 사무실과 직원 숙소로 빌려 쓰고, 동네사람들을 일용직으로 채용하여 소득이 생기게 해주고, 비싼 돼지를 잡아 잔치도 해주는 등 그들과 친해지려 부단히 노력을 했지만 이런저런 작은 사건들은 끊임없이 일어났다.

공사에 쓸 자갈을 확보하기 위해 자갈이 많은 강가의 마을과 계약을 했다. 처음엔 버려진 강가의 돌을 돈 주고 가져가겠다니 마을사람들은 너무도 좋아하고 고마워하며 적극적으로 도와주었다. 그러나 한 달 정도가 지나자 통나무로 입구를 막고는 자갈을 더 이상 줄 수 없다고 나왔다. 이유는 뻔했다. 돈을 더 달라는 것이었다. 이미 그 강가에 자갈 채취 시설들을 설치해 놓았기 때문에 어찌할 수 없이 그들이 원하는 대로 돈을 더 지불했다.

그러나 한 달쯤 지나자 또다시 통나무로 입구를 가로막았다. 더 이상은 돈을 줄 수가 없었다. 이미 비싼 편이었기 때문에 자갈에 돈을 더 들인다면 수지타산이 맞지 않았다. 하는 수 없이 손해를 감수하고 강가의 자갈 채취장을 포기했다. 대신 새로이 돌산 하나를 자갈 채취장으로 계약해 강자갈보다는 질적으로 떨어지는 산자갈로 공사를 할 수밖에 없었다.

21세기의 원시 문명

공사 현장 도로 옆에 나이 지긋한 전직 부족장의 작은 고구마 밭이 있었다. 하루는 스콜로 밭이 침수되었는데, 공사로 배수로가 막혔기 때문이라며 보상해 달라고 온 동네사람들이 몰려왔다. 물론 말도 안 되는 억지였지만 전직 부족장의 일인데다 그 고구마 밭은 그의 유일한 식량원이었기에 고구마 밭의 고구마 모두를 합한 값의 몇 십 배도 넘는 큰돈을 구호금 차원에서 물어줄 수밖에 없었다.

그러나 공사는 대체적으로 큰 사고 없이 잘 진행되었다. 그리고 홀리위그 부족과도 꽤 정이 들었다. 특히 순박한 그곳 아이들은 지금도 잊을 수가 없다. 동네아이들은 내가 현장에 있다가 사무실로 돌아가려 할 때면 언제든 재빨리 알아차렸다. 그러면 아쉬운 듯 계속 나를 뒤따라오며 '루킴유, 화이트만'이라 소리치며 손을 흔들었다. 나를 반겨주고 배웅해 주는 것은 언제나 이 천진난만하고 귀여운 아이들이었다. 그럴 때면 나도 고마운 마음을 가득 담아 큰소리로 인사했다.

'루킴유!'(Lu kim yu. See you again!)

공사 현장 마을사람들. 나를 반겨주고 배웅해 주는 것은 언제나 이 천진난만하고 귀여운 아이들이었다.

하겐 '강에'

마운트하겐은 1640m에 위치한 고산 도시이며 파푸아뉴기니에서 3번째로 큰 도시다. 파푸아뉴기니는 섬지방과 해안지방 그리고 고산지방으로 나뉘는데, 마운트하겐은 고산지방 5개 주의 주도라고 할 수 있는 중심지이다.

1400~1800m에 걸쳐 있는 고산지역에서 분지를 이루고 있는 하일랜드는 땅이 비옥하여 농산물이 풍부하고, 기온이 쾌적하여 사람이 살기에는 최적지다. 1930년대 초에야 하일랜드에 사람이 살고 있음이 처음 발견되었을 만큼 오지이기도 하다. 하지만 당시에 이미 수십만 명이 넘게 살고 있었다고 하니 하일랜드가 얼마나 살기 좋은 곳인지 알 수 있다. 또 하일랜드에는 고산지에서만 자라는 아라비카 커피가 생산되고 금광도 많아 지금은 파푸아뉴기니 전 인구의 30%

정도인 2백만 명이 넘는 사람들이 이곳에 살고 있다.

높은 빌딩이라곤 6층 건물 하나뿐인 마운트하겐의 도심지 하겐타운은 우리나라 시골 읍내보다 엉성하고 작지만, 파푸아뉴기니에서는 7만여 명의 인구가 모여 사는 대도시다. 마운트하겐의 도심지를 중심으로 남쪽지역에는 모케 부족이, 서쪽지역에는 지가 부족이, 북쪽과 동쪽 지역에는 야무카 부족이 살고 있다. 이들은 모두 하겐어를 공용어로 사용한다.

나는 10년을 훨씬 넘게 마운트하겐에서 살고 있다. 이젠 하겐어도 제법 알아듣고 어느 정도는 말할 줄도 알게 되었다. 현지인들은 나를 '강에'라고 부른다. 강에는 하겐어로 남자라는 뜻인데, 일상적으로 남자들을 부를 때 쓰는 말이다. 부족사회에서 같은 언어를 사용하는 사람은 '원톡(Wontok)'이라 부르며 생사를 같이하는 친밀한 존재로 여긴다. 원톡이란 영어의 '원 토크(One Talk)'에서 파생된 말이다. 그들이 나를 '강에'라고 불러주는 것은 나를 진정한 원톡임을 인정해 주는 것이다.

하루는 수도 포트모르스비로 출장을 다녀오느라 하겐공항에 오후 늦게 도착하여 차를 기다리고 있었다. 아들이 차를 가지고 오기로 되어 있었는데 조금 늦는 모양이었다. 공항 안은 답답하여 밖으로 나와 공항에서 조금 떨어진 길거리 한쪽 그늘진 곳에서 혼자 서 있었다. 근처에는 현지인들이 6명 모여 있었는데, 그중 한 명이 나에게 다가왔다.

담배 하나 달라고 하여 나는 담배를 안 피워 없다고 하자, 술 한 병 사먹게 돈을 좀 달라고 했다. 미안하지만 돈이 없다고 했지만 계속 시비를 거는 폼이 술이 좀 취한 것 같았다. 하도 귀찮게 하기에 저리 가라고 살짝 밀었더니 때렸다고 악을 쓰며 덤벼들었다. 옆에 함께 있던 5명도 기다렸다는 듯이 한꺼번에 달려들었다.

왁자지껄 떠드는 소리에 공항 쪽에 있던 많은 사람들이 몰려왔다. 그들은 사람들이 몰려오자 내가 외국인이기에 모두 자기들 편을 들어줄 거라 생각했는지 더 큰 소리로 외국인이 자기를 때렸다면서 악을 쓰며 덤볐다.

그러나 몰려든 사람들은 모두 나를 보자마자 무슨 일이냐며 물어보지도 않고 시비를 건 6명의 현지인들을 집단으로 구타하기 시작했다. 수십 명에게 집단으로 맞은 그들은 거의 초주검이 되었다.

마운트하겐의 도심지에서 10분 정도 거리에 위치한 하겐공항은 야무카 부족의 지역이다. 야무카 부족의 족장과 한 한국 교민이 함께 롯지(작은 호텔)를 운영하고 있었는데 나는 그곳에 자주 갔다. 또 공항 바로 옆에는 골프장이 있는데, 나는 4년간 그 골프장 자원봉사 관리이사를 하였기에 골프장 또한 자주 들락거렸다. 이런 사정으로 모든 야무카 부족들은 거의 나를 알고 있었다. 나에게 시비를 건 그들은 마운트하겐에서 차량으로 5시간 정도 떨어진 금광지역 포게라

부족의 사람들이었다.

급기야 경찰이 출동했다. 지켜보던 호주 사람이 외국인이 봉변을 당하는 것 같으니까 경찰에 신고했던 것이다. 경찰들도 다 같은 하겐 원톡들인지라 나에게 시비를 걸어 이미 초주검이 된 그 6명만 경찰서로 끌고 갔다. 나는 시비를 걸었던 6명이 얻어맞은 것으로 충분했기에 조용히 끝내고 싶었기 때문에 경찰까지 출동한 것은 내심 내키지 않았다. 아니나 다를까 사건을 조사하기 위해 진술이 필요하니 나도 경찰서로 오라고 했다.

경찰서에 가보니 그 6명은 경찰서에 끌려온 뒤에 경찰관들에게도 맞아 몰골이 말이 아니었다. 나는 그들이 시비를 걸었으나 피해가 없었고 술에 취해서 실수한 것 같으니 용서해 달라고 했다. 하지만 경찰은 나에게 돈을 요구했던 것은 강도 행위이므로 감옥에 보내야 된다고 했다.

경찰서 한쪽 구석에 무릎을 꿇고 앉아 있던 그들 중 나에게 처음 시비를 걸었던 현지인이 내 말을 듣더니 '피해가 없다고 하니 우릴 보내달라'며 벌떡 일어나 경찰관 쪽으로 다가오자 갑자기 그 경찰관이 권총을 꺼내 발사했다.

"타~앙~~!"

그것은 실탄 사격이었다. 위협용으로 바닥을 향해 발사해 다행이었다. 총을 쏜 경찰관은 일어나 다가오던 그 현지인에게 다가가 발길질을 하고 권총을 머리에 갖다 대고 위협하면서 또 엄청나게 때렸다. 한참 후에야 울분이 가라앉은 경찰관은 나에게 감사하라면서 그들을 풀어줬다.

이 말을 들은 6명은 엎드려 내 발에 매달리며 감사와 사과의 말을 연발했다. 나는 몸 둘 바를 몰랐지만 내가 어찌할 수 있는 상황은 아니었다. 온몸은 멍이 들었고 눈가와 입가는 찢어져 피가 줄줄 흘렀으나 그런 것은 전혀 아랑곳하지 않고 그들은 감사의 말을 되풀이하며 경찰서를 도망치듯 나갔다.

파푸아뉴기니에서 원톡의 힘은 법도 공권력도 소용없게 만들 만큼 강력했다. 내가 만일 부족 중에 아는 사람이 없었다면 아주 큰 봉변을 당했을 것이다.

나는 야무카 부족은 물론이고, 내가 살고 있는 지역의 모게 부족, 지가 부족 등 하겐 지역에 살고 있는 모든 부족들과 친하게 지내고 있다. 이런 유대감이 이제 이곳 파푸아뉴기니 하겐에서는 내 고향처럼 편안하게 현지인들과 함께 살 수 있구나 하는 뿌듯함과 자부심을 느끼게 해준다.

전통의상을 입은 야무카 부족. 마운트하겐의 도심지에서 10분 정도 거리에 위치한 하겐공항은 야무카 부족의 지역이다.

원톡 빌롱 유미

바닷가나 섬의 부족들은 날씨가 더워서 그런지 게으르고 영리하지 못하지만, 하일랜드 부족들은 추운 데서 살아서 그런지 인상은 험악하지만 힘도 세고 영리하며 일도 열심히 잘한다.

파푸아뉴기니 정치와 경제는 거의 하일랜드 사람들을 주축으로 이루어지고 있다. 그래서인지 바닷가나 섬 지방 사람들은 하일랜드 부족들을 두려워하면서도 무척 싫어한다. 하일랜드 부족들이 자기 동네에 와서 돈을 벌 수 있는 직업들은 거의 독식하고 있기 때문이다. 그렇지만 일을 시키는 입장에서는 일 잘하는 하일랜드 부족을 선호할 수밖에 없다.

다른 지역 부족들은 하일랜드 부족들을 보면 '라스콜'(rascal. 악한, 떼강도란 뜻으로 영어 발음은 래스컬이지만, 피진어로는 라스콜이다)이라고

부르며 천대하고 멸시한다. 이 때문에 하일랜드의 부족들은 더욱더 단합하여 외지에서도 잘 살고 있다.

내가 한국을 가면 친구들이나 친척들은 나를 '파푸아뉴기니 사람'이라고 부른다. 내가 파푸아뉴기니에 살고 있기 때문이다. 마찬가지로 하겐을 벗어나 다른 도시에 가면 한국 사람이든 현지인이든 모두 나를 하겐 사람이라고 부른다. 하겐에 살고 있기 때문이다. 타 지역에서 하겐에 사는 현지인을 만나면 그들은 나를 '강에'라고 소리쳐 부르며 얼싸안고 반가워한다.

우리나라도 옛날에는 멀리서 시집온 새색시를 고향 이름을 따서 무슨 댁 하며 불렀다. 혈연, 지연, 학연 등은 우리나라에서 인간관계를 형성하는 끈끈한 연결고리이기에 중요시되고 평생 따라다닌다. 그렇기 때문에 처음 만난 사람끼리는 그 연결고리를 찾기 위해 호구조사를 하듯 서로의 신상에 관한 정보를 주고받는다.

그러다가 혈연, 지연, 학연 중 하나라도 같은 것이나 통하는 것이 있으면 그것이 계기가 되어 금세 친숙한 사이가 된다. 하지만 그 어떠한 연결고리도 없고 자기와 반대된다는 것을 알았을 때는 친해지기는커녕 적이 되어버릴 수도 있다. 그만큼 혈연, 지연, 학연은 사회생활에서 매우 중요한 역할을 한다.

이와 마찬가지로 파푸아뉴기니의 부족들에게 함께 생존하는 공동체로서 같은 부족의 원톡은 중요한 의미를 갖는다. 원톡은 목숨을 걸고 지켜가는 그들의 삶 자체이다.

나를 위해서 싸움을 대신 해주었던 야무카 부족에게도 경찰관들에게도 고맙다는 말을 제대로 못했다. 정신도 없었고 출장으로 비워둔 현장을 점검하느라 바빴기 때문이다. 일주일이 지나서야 겨우 그들을 만나 고맙다는 말을 할 수 있었지만, 오히려 그들은 나를 껴안고 어깨를 두드리며 내가 다치지나 않았나를 걱정해 주었다. 그리고 큰 소리로 모든 사람들이 다 들으라는 듯이 이렇게 말했다.

"원톡 빌롱 유미!"

(Wontok bilong Yumi. 우린 같은 부족이다.)

나는 죽는 날까지 영원한 파푸아뉴기니 하겐 '강에'다.

국가도 못 건드리는 원톡

부족마다 각기 다른 언어를 사용하며 살아가고 있는 부족사회 파푸아뉴기니는 원톡끼리 철저히 협력하여 살아가는 공동체 부족사회이다. 도둑놈도 원톡을 위해서 도적질을 하면 영웅이 되고, 원톡을 위해서는 목숨도 바칠 수 있어야 하며, 내 것일지라도 원톡과 공유해야 한다. 개인보다는 원톡이 우선되는 이러한 특별한 공동체 생활을 '원톡시스템'이라 한다.

부족 중에 똑똑한 아이가 있으면 원톡 전체가 돈을 거둬 학비를 마련하여 교육을 시킨다. 자기 자식은 학비가 없어 학교를 못 보내도 똑똑한 아이를 원톡 대표로 공동 부양하는 것이다. 물론 이 아이에게는 나중에 커서 원톡 전체를 먹여 살려야 할 의무가 지워진다.

국회의원 선거는 원톡시스템이 단적으로 드러나는 예다. 어떠한 경우라도 원톡만을 지지한다. 그러므로 부족원의 수가 많은 부족 출신의 후보가 국회의원에 당선된다. 그래서 국회의원에 도전하는 사람에게는 다른 부족의 여자와의 결혼이 중요하다. 부인이 많은 사람은 처가 원톡으로부터 지지를 받을 수 있기에 그만큼 당선 확률이 높아지기 때문이다.

죄를 짓고 원톡 마을에 숨어들면 경찰도 어쩔 수 없다. 원톡이 철저히 보호해 주기 때문이다. 큰일이 있으면 원톡들이 모여 품앗이를 하듯 서로 돕는다. 어려운 일이 생기거나 경조사 등에는 원톡 전체가 돈을 거둬 해결한다. 일종의 부조금이나 축의금을 거두는 것과 같다.

개인은 약하나 단체는 강한 대표적인 사례가 바로 원톡시스템이다. 그러나 개인의 사유재산이 별 의미가 없기에 잘사는 원톡에 의지하려 하고, 땀 흘려 일하기보다는 얻어먹으려 하기에 파푸아뉴기니 사람들은 늘 게으른 거지근성에 젖어 있다.

장점도 있지만 단점도 많고 현대 자본주의 경제사회에는 전혀 어울리지 않지만, 이 원톡시스템은 그들에겐 생활 그 자체다.

우리 회사 현지인 직원들은 2주에 한 번씩 받는 급료 날이 되면 무척 바쁘다. 급료는 절대로 고액권으로는 받지 않고 제일 작은 소액권으로 받는다. 많은 원톡들에게 나누어줘야 하기 때문이다. 급료를 받자마자 자기가 쓸 돈, 가족에게 줄 돈을 반 정도 먼저 챙기고 나머지 돈은 소액권으로 일일이 따로 접어 챙긴다.

급료 날 오후가 되면 반드시 원톡들이 나타난다. 정글에 사는 많은 원톡들이 급료 날 시내로 나와 일하는 원톡에게 돈을 받아 이것저것 사 먹기도 하고 필요한 생필품들을 구입하기도 한다. 잘사는 집에는 항상 원톡들이 끊이지 않는다. 허구한 날 잔칫집처럼 10여 명 이상의 원톡들이 방과 거실을 차지한다. 가정생활에 방해가 되지만 어쩔 수가 없다. 그렇다고 소홀히 대접할 수가 없다.

그래서 파푸아뉴기니 사람들은 개인생활보다는 단체생활에 더 익숙하다. 모든 일들을 개인적으로 처리하려고 하지 않고 원톡의 힘을 빌려 단체로 처리하려 한다. 또 어디를 가든 원톡과 함께 몰려다니는 게 일상화되어 있다.

우리 회사의 직원들은 대다수가 같은 원톡이다. 처음에 친한 현지인 친구가 자기네 원톡 중에서 믿을 만한 사람을 직원으로 추천해 주어서 채용했는데, 그 후 직원이 필요할 때마다 그 직원이 계속해서 자기네 원톡만 추천하는 바람에 결국 몇 년이 지나자 우리 회사 직원들이 거의 그 원톡으로 채워지게 된 것이다. 다른 회사들도 대부분 같은 실정이며 관공서도 이와 다르지 않다. 원톡의 결속력은 엄청나게 강하다.

원톡시스템을 뒷받침해 주는 것은 토지의 소유권이다. 파푸아뉴기니 국가 전체의 97% 이상의 토지는 각 부족의 것이다. 국가 공공시설물도 함부로 부족의 땅에 들어서거나 경유할 수 없다. 보상을 하고 설치한 경우라도 차후 그 설치물을 이용하려면 다시 보상을 하고 이용해야 한다.

전기 송신탑이나 전화선 같은 경우 충분히 보상을 하고 설치를 했더라도 고장수리 등을 위해 그 시설물에 접근하려면 다시 그 부족으로부터 사용료를 지불하고 사전허가를 얻은 후에야 들어갈 수 있다.

부족의 땅은 국가 공권력이 감히 행사를 못 하는 치외법권 지대다. 파푸아뉴기니를 국가라기보다는 원시 부족사회라 부르는 것도 이 때문이다.

부족의 땅에서 어떤 사업을 하는 것은 매우 위험한 일이다. 물론 처음에는 이익을 위한 사업을 유치하기 위해 사업자가 원하는 대로 다 해준다. 사업자는 부족의 호의에 자신감을 얻는다. 그리고 철저하게 사업을 진행하기 위해 단 한 명도 빼놓지 않고 부족 전원으로부터 동의를 얻은 완벽한 서류를 작성한다.

그러나 막상 사업이 시작되고 나면 문제가 생기기 시작한다. 먼 곳에 살고 있는 타 부족 사람들이 자기 엄마가 그 부족 출신이라며 자기도 보상을 해달라고 요구하는 것처럼 정말 예기치 못한 상황들이 발생한다. 이런 황당한 상황들이 계속 발생하면 더 이상 견딜 재간이 없게 되는 것이다. 그래서 부족 땅에서는 아무것도 할 수가 없다. 그 땅에서 무슨 일이든 할 수 있는 사람은 그 부족뿐이다.

국가보다는 부족이 우선되기에 국가 발전은 순탄치 못하다. 파푸

아뉴기니는 엄청난 자원 보유국이다. 석유, 가스, 구리를 비롯하여 금, 니켈 그리고 목재, 팜오일 등이 풍부하게 널려 있다. 그러나 자원이 있는 땅 주인이 부족이기에 그 개발에는 어려움이 많다.

국가에서 발행하는 모든 허가권과 개발권 등은 땅 주인인 부족과의 합의가 최우선이다. 부족과 합의만 되면 국가로부터 허가권은 거의 별 무리 없이 얻을 수 있다. 그러나 허가권을 취득해도 부족의 마음이 변하면 모든 허가권은 무용지물이 되어버린다. 아무리 법적으로, 서류상으로 완벽해도 땅 소유주인 부족의 권리가 우선인 자국민 보호법 때문이다.

공권력이 미치지 못하고 사유재산권이 보호받지 못하기에 투자자들과 개발자들은 부족들과의 협상에 실패하여 많은 손해를 보고 이 나라를 떠나는 일이 비일비재하다.

원톡시스템은 파푸아뉴기니 국가 발전을 방해하는 원인이지만, 파푸아뉴기니를 지탱하는 힘이며 국민들이 살아가는 이유이기도 하다.

시간이 필요없는 세상

　이곳 사람들은 시간에 대한 개념이 없다. 아니 시간 그 자체가 없는 것 같다. 도시에 사는 사람들 일부를 제외한 정글에 사는 원주민들은 시계를 가지고 다니는 사람이 거의 없기에 시간을 알 리가 없다. 무엇보다 시간을 알 필요가 없다.
　파푸아뉴기니에서 시간의 개념이 가장 절실한 곳은 항공사다. 이 나라 유일의 국영 항공사인 에어뉴기니가 30분에서 1시간 정도 늦게 출발하는 일은 흔한 일이다. 그 정도면 감사할 따름이다. 2~3시간 늦거나 이유 없이 운행 자체가 취소되는 일도 비일비재하다.
　그래도 국내선은 그러려니 하지만 국제선까지 그 모양이라 큰 문제다. 한국에 가려고 국제선을 타야 하는데 하루를 늦게 출발하는 바람에 차후 일정이 모두 엉망진창이 되어 고생을 한 적도 있다.

얼마전에는 한국에서 대학을 다니고 있는 딸아이가 방학을 이용해 이곳에 오려고 싱가포르에서 에어뉴기니를 갈아타려고 기다리다가 취소가 되는 바람에 애를 먹기도 했다. 갈아타야 할 비행기가 운항이 취소되었다고 하니 얼마나 황당했겠는가. 싱가포르 공항 안에서 전전긍긍하며 몇 시간을 기다리다가 결국은 다른 비행기를 타고 호주를 통해 이곳으로 왔다. 그래도 승객들은 아무 불평도 없다 마냥 기다려준다. 불평해 봐야 소용없고 기다리는 데는 이골이 났기 때문이다.

대형 국영 항공회사가 이 정도이니 도시를 왕래하는 4개의 소형 항공사들은 두말 할 필요가 없다. 새벽 6시 출발이라 밤잠 설치고 새벽 4시부터 준비해 공항에 일찍 나가서 기다렸는데 늦는다는 말 한마디뿐이라서 마냥 기다리다가 아침, 점심도 굶고 공항 대합실에서 10시간을 기다린 적도 있었다. 많이 늦는다고 하면 밥이라도 먹고 다시 오련만 곧 출발할 것처럼 말하니 무작정 기다릴 수밖에 없었다. 오후 늦게라도 비행기를 타고 목적지에 갈 수 있었던 것에 감사할 뿐이다.

항공사들이 이럴진대 시골에서 운행하는 버스는 어떻겠는가. 한마디로 운전사 마음대로다. 승객을 잔뜩 태워놓고도 빈자리가 하나라도 있으면 절대 출발하지 않는다. 정원이 넘을 만큼 꽉 차야만 출발한다. 출발한 다음에도 운전사는 자기 볼일을 본다. 이곳저곳 들르면서 물건도 구입하고 사람을 만나 수다를 떤다. 승객들은 어쩔 수 없이 끌려 다닐 뿐이다. 마음대로 노선을 바꿔서 예정에도 없는 곳에 들러 아는 사람을 태우기도 하고 내려주기도 한다. 1시간 걸리는 거리를 2~3시간 걸려 가는 건 보통이다.

  대개 승객들은 특별히 다른 할일이 없어 버스를 타는 것 자체를 마냥 즐거워한다. 바쁠 것도 없고 목적지까지 어떻게든 가기만 하면 되기 때문이다. 아무도 늦게 간다고 뭐라고 하지 않는다. 그저 바쁜 사람만 울화통이 터질 뿐이다. 맘에 안 들면 차를 사서 타고 다니라는 식이다. 버스에 탄 이상 모든 것을 운전사에게 맡길 수밖에 없다.

  은행 창구의 줄은 항상 길다. 1시간 기다리는 것은 기본이고 2~3시간도 보통이다. 고객이 많으면 창구 직원을 늘려서라도 빠르게 일을 처리해 줘야 하는데 천만의 말씀이다. 오래 기다린다고 항의라도 하면 오늘은 그냥 가고 내일 오면 되지 않느냐는 식이다. 내 돈을 맡겨 놓고도 대접을 못 받는다.

  공무원은 오전에 잠시 일한다. 점심시간에 나간 뒤 오후 늦게 돌아와서 곧 퇴근해 버리기 때문이다. 절대 다른 사람이 일을 대신해 주지 않는다. 그래서 관공서에서 일을 보려면 오전에 빨리 가야 한다.

  하루에 몇 가지 일을 보는 것은 불가능하다. 하루에 한 가지라도 끝낼 수 있으면 성공이다. 오늘 못하면 내일 하면 되고, 내일 못하면 모레 하면 되니 바쁠 게 하나도 없다. 급하고 아쉬운 것은 나다. 그

들은 1~2시간이면 충분히 끝낼 일을 하루 종일 일을 한다.

　한국도 예전에는 약속시간보다 항상 늦고 시간관념이 없다고 해서 '코리안타임'이라는 말이 있었던 적이 있지만 이곳은 그것과 근본적으로 다르다. 이들은 가진 것이라고는 시간밖에 없다. 아니 시간을 초월해서 산다.

　원주민들은 나이를 모른다. 호적법 같은 것이 없어 등록을 하지 않기 때문이기도 하지만 그보다는 날씨나 계절의 변화란 것이 전혀 없기에 나이를 모를 수밖에 없다. 사계절의 변화가 뚜렷한 우리나라에서 나이를 물을 때 춘추가 얼마냐고 하듯이 이곳에서는 크리스마스를 얼마나 보냈냐고 한다. 하지만 그저 어림잡아 대충 대답할 뿐이지 정확한 것은 잘 모른다.

　현대문명에서 시간은 곧 돈이다. 시간이 늘 부족한 것이 현대의 삶이다. 그러나 원시문명의 이곳은 시간을 여유롭게 거느리고 산다. 이곳에 와서 절실하게 배운 것은 엄청난 인내심으로 기다리기였다. 가뜩이나 성질 급한 나는 스트레스를 받아 고혈압으로 뒷골이 터져 죽을 것만 같은 날들이었다.

　여유롭게 기다리는 것은 결코 쉬운 일이 아니다. 그러나 이젠 단련될 대로 단련되었다. 시간이란 것, 세월이라는 것, 나이를 먹는 것, 그런 것들이 나에겐 의미가 없어져버렸다. 파푸아뉴기니 원시의 문명이 나에게 가르쳐준 것은 시간없이 사는 방법이었다.

21세기의 원시 문명

신부 사오기

일부다처제인 파푸아뉴기니에서는 신부는 반드시 돈을 주고 사와야 한다. 신부대금은 신부의 부모 또는 부족들에게 주는 양육의 대가이며 새로 취득한 권리와 소유에 대한 대가이다. 대금은 현금과 함께 귀한 단백질 섭취원인 돼지, 농산물, 음식 등으로 치른다. 현금은 3천~5천 키나(1백만~2백만 원) 정도가 기본이다. 평균 월급이 3백 키나(10만 원 정도)인 실정으로 볼 때 3천~5천 키나는 1~2년치 월급에 해당되는 큰돈이다. 신부가 고등학교 정도의 학벌을 갖추어 돈을 벌 수 있는 능력이 있으면 2만~3만 키나(5백만~1천만 원) 정도까지 올라가기도 한다.

결혼은 부족의 큰 행사이다. 전 부족이 음식과 돈을 거둬 신부를 사오는 행사에 모두 동참한다. 신부대금을 주고 신부 부족 또는 신

부 부모로부터 받은 영수증이 곧 결혼증명서이다. 파푸아뉴기니에서 이 영수증은 공공기관에서 공식 결혼증명서로서 인정받는다.

연애를 하다가 여자가 임신을 하면 그야말로 빨리 신부대금을 치르고 데리고 가야 한다. 만약 신부대금을 치르지 못하고 있다가 여자가 애를 낳으면 아이 값까지 포함되어 신부대금이 엄청 높아지기 때문이다.

신부대금은 외상도 된다. 하지만 결혼하여 살다가 일정 기간 안에 신부대금을 갚지 못하면 신부 부모나 부족이 신부는 물론 낳은 자식들까지 다 데리고 가버린다. 이런 일들로 인해 부족 간에 전쟁이 일어나는 경우가 비일비재하다.

이렇듯 신부대금은 천차만별이다. 정글의 가난한 집안 여자들은 먹는 입 하나 더는 것이 더 낫기에 헐값에 팔린다. 몇년 전 가뭄이 들었을 때는 양식이 부족하여 그야말로 돼지 한 마리 값이나 마찬가지인 헐값에 팔리는 신부가 많았다. 부자 남자들이 기회다 싶어 마구 사 들였기 때문이다. 정부에서 나서서 가뭄이 곧 끝나 농사가 잘될 테니 어린 여자아이를 너무 싸게 팔지 말라고 홍보를 했을 정도다.

그러나 도시의 부잣집 여자들은 다르다. 이들은 아주 비싼 값에 팔린다. 대개 고등학교를 졸업한 조건이란 점도 있지만 잘사는 처가 덕을 볼 수도 있기에 아무리 비싸더라도 사는 사람이 있기 때문이다. 그래서 결국 자연스럽게 잘사는 집안끼리 사돈을 맺게 된다. 신부들 자신도 아주 비싼 값을 받길 원한다. 너무 비싸 안 팔리더라도 상관이 없다. 시집을 못 가도 평생 잘사는 아버지 집에서 고생 안 하고 살 수 있기 때문이다.

신부대금은 여자의 자존심이다. 동네 아낙네들이 모여 수다를 떨 때 가장 큰 화제가 바로 시집올 당시의 신부대금이다. 이들은 돼지 몇 마리, 현금 얼마를 받고 왔다고 자기 자신이 비싼 것을 자랑하며 큰 자부심으로 삼는다. 그래서 정글 깊은 곳에서 살다 결혼하여 온 여자들은 무시당하고 천대받는다.

우리 회사 현지인 토목기사 페시 데바는 4년제 정규 대학을 졸업한 인재이다. 그에게는 대학 다닐 때 사귄 대학 동문이자 바로 옆 동네에 사는 아주 예쁜 여자친구가 있다. 둘은 결혼하고 싶어하지만 쉽게 결혼을 올리지 못하고 있다. 여자친구 집안이 커피농장을 하는 큰 부자라서 요구하는 신부대금이 엄청나게 높기 때문이다. 그나마 처음 천오백만 원에 달하는 돈을 요구하는 것을 돈이 없다고 사정해서 겨우 천만 원 정도로 깎았다. 데바의 월급은 파푸아뉴기니에서는 최고 수준이지만 35만 원 정도에 불과하다. 이런 월급으로는 언제 천만 원이란 큰돈을 모을 수 있을지 기약할 수가 없다. 그래서 부족에게 협조를 구했지만 신부대금이 너무 비싸다며 값싸고 좋은 여자도 많은데 왜 하필 그렇게 비싼 여자랑 결혼하려고 하냐는 답을 들었을 뿐이다.

2년제 대학을 나온 제임스 하리파는 중장비 정비 기술자이다. 대학도 나왔고 기술자이기에 돈을 잘 번다는 것을 아는 신부 부모들이 좋게 봐줘서 결혼할 때 신부대금을 반만 주고 나머지는 외상으로 결혼했다. 그러나 결혼한 후에 신부네 부족원들이 허구한 날 집에 와서 지내는 바람에 그들까지 먹여 살리느라 죽기 살기로 일을 해야 했다. 신부대금을 다 치르고 나서야 편안히 살 수 있었다.

  남편이 죽으면 재산의 반은 부인 몫이고 나머지 반은 자식들과 부족원들이 나누어 가진다. 그러나 과부는 다른 데로 시집갈 수가 없다. 시집가려면 죽은 남편에게서 받은 재산은 다 내놓아야 하며 그 과부를 신부로 맞이하는 남자는 죽은 전 남편 부족에게 신부대금을 치러야 한다.

  파푸아뉴기니 지식층 여자들은 결혼을 안 하려고 한다. 돈을 받고 팔려간다는 것이 싫고 의무적으로 평생 농사지어 남편과 자식들을 먹여 살려야 하는 것이 어렵고 힘든 일이기 때문이다. 그러나 부모가 강제로 팔아버리는 데야 어쩔 도리가 없다. 그러기에 돈을 벌 수 있는 능력 있는 여자들은 부모로부터 도망쳐 도시에서 혼자 결혼도 안 하고 자식을 낳아 키우며 살고 있는 것을 많이 볼 수 있다.

  남자들은 여자를 사오기에 소유욕이 강하다. 일부 무지한 사람들이 여자를 마음대로 때리고 강제노동으로 혹사시키기도 하지만, 대부분은 소유욕이 강한 만큼 여자를 귀하게 여기고 보호하고 자식의

21세기의 원시 문명

어머니로서 대우해 준다.

　노예도 아닌데 사람을 사고판다는 점에서 신부대금은 많은 비판을 받고 있다. 하지만 신부대금은 원시문화의 전통적 관습으로서 신부를 데려오는 데 대한 보답 차원의 사례라는 예의범절로 미화되어 지금도 계속되고 있다.

신부 사오기. 결혼은 부족의 큰 행사이다. 전 부족이 음식과 돈을 거둬 신부를 사오는 행사에 모두 동참한다.

에이즈와 상구마

'상구마'는 저주다. 저주는 죽음을 목표로 한다. 그러므로 상구마는 곧 죽음이다. 그렇기 때문에 상구마에 대한 두려움은 원초적인 것이다. 원시신앙의 오랜 전통에서 내려오는 상구마를 파푸아뉴기니 사람들은 지금도 믿으며 두려워한다. 전 국민의 70% 이상이 기독교도지만 전통적 원시신앙은 아직도 파푸아뉴기니 사람들의 생활 깊숙이 자리 잡고 있다. 상구마는 원주민들의 삶을 지배하는 가장 큰 힘이다.

파푸아뉴기니에서는 사람이 죽으면 누군가 상구마를 걸었기 때문이라고 생각한다. 그러므로 그 죽음에 복수해야 한다. 반드시 상구마를 건 그 사람을 찾아내 죽여야 하는 것이다. 부족에서 사람이 죽으면 주술사가 무서운 가면을 쓰고 동네를 돌아다니며 굿 같은 주

술행위를 한다. 그러다가 한 사람을 지목하면 바로 그 사람이 상구마를 쓴 살인자가 된다. 부족원들은 살인자로 지목된 사람을 죽이고 시체는 토막 내 제일 더러운 물에 버린다. 이렇게 해야 그 영혼이 다시 소생하지 못한다고 믿기 때문이다.

하지만 주술사에게 지목당한 사람이 꼭 상구마 살인자인 것은 아니다. 대개 힘이 없거나, 자식이 없거나, 병에 걸렸거나, 평소에 주술사나 다른 부족원들에게 미움을 받던 사람이 걸린다. 죽은 사람에 대한 보복과 보상을 한꺼번에 해결하기 위한 희생양인 것이다.

이렇듯 상구마의 저변에는 부족사회의 공동체 생활과 질투심이 깔려 있다. 사업을 잘하여 부를 쌓은 사람이 부족원들을 도와주지 않으면 부족원들은 그 사람에게 배신감이나 질투심을 느낀다. 그래서 파푸아뉴기니에서 잘산다는 소리를 듣는 사람들은 자기네 부족원들에게 돈과 음식을 조금씩이라도 나누어주면서 부족 전체를 보살핀다. 이렇게 보면 상구마는 부족의 결속력을 뒷받침해 주는 힘이다.

상구마는 지방마다 부족마다 방법과 내용이 조금씩 다르지만 대체적으로는 비슷하다. 저주 대상자의 배설물을 구하여 저주를 걸고 나뭇잎에 싸서 더러운 물에 흘려보낸다. 그러면 저주 받은 사람이 죽는 것이다. 원시 파푸아뉴기니에 화장실이 없는 것은 상구마 때문일지도 모른다.

기독교 목회자들이 상구마에 대해 많은 연구를 하고 미신에 불과한 상구마를 없애보려고 여러 가지 방법으로 노력했다. 그러나 워낙 파푸아뉴기니 사람들에게 뿌리 깊이 남아 있는 문화라 별로 성과를 거두지는 못했다. 신부들이 고해성사를 받으면 상구마를 두려워하고 있는 사람들이 부지기수였다고 한다. 그들은 부족 중에 누가 죽으면 혹시라도 자기가 상구마 살인자로 지목될까 봐 불안에 떨었다.

그런데 에이즈가 나타나서 상황이 달라졌다. 파푸아뉴기니 사람들은 에이즈가 뭔지도 모르고 관심도 없었다. 그러나 보건 당국과 기독교인들이 홍보에 노력을 기울였다. 성적 접촉에 의해 전염되는 에이즈는 부도덕한 것이기에 홍보의 효과도 높았다.

파푸아뉴기니 사람들에게 에이즈는 상구마보다 더 무서운 것이 되었다. 이제 정글의 원주민들은 사람이 죽으면 무조건 에이즈 때문이라고 여긴다. 생각해 보면 이게 더 나을 수 있다. 적어도 죽음에 대한 보복은 없을 것이기 때문이다.

그러나 죽은 사람들의 사인이 모두 에이즈라고 보고되는 것은 문제다. 에이즈로 죽은 사람에게는 보상금, 지원금, 홍보비 명목으로 현금이 지불되기 때문이다. 그러나 그보다 파푸아뉴기니가 에이즈의 나라로 알려지고 있다는 것이 더 큰 문제다.

파푸아뉴기니는 인구가 600만 명 정도다. 그런데 에이즈 환자가 6만 명이 넘고 보균자는 60만 명이 넘는다고 알려져 있다. 물론 인

터넷을 통해 퍼지고 있는 확인되지 않은 소문일 뿐이다. 파푸아뉴기니 사람들은 가족 중에 에이즈 환자가 있으면 전염되어 전 가족이 다 죽는 줄 알고 에이즈 환자를 생매장하고 있다는 괴소문이 퍼지기도 했다.

아주 옛날 일부 부족들에게 식인 풍습이 있었으나 이미 100여 년에 모두 없어졌는데도 파푸아뉴기니 사람 모두가 식인종인 양 알려졌듯이, 지금은 파푸아뉴기니의 대부분이 에이즈 환자인 것처럼 보도되고 있다. 그러나 그건 파푸아뉴기니의 내부 사정을 모르고 하는 소리다. 파푸아뉴기니는 전 국토의 대부분이 정글이라 교통이 발달되지 못했다. 그래서 대도시 몇 군데를 제외하고는 고립되어 살고 있는 실정이다. 이들이 어떻게 전부 에이즈에 감염될 수 있겠는가.

한국의 한 TV 방송사에서 에이즈 환자를 생매장한다는 그들을 취재하려고 하니 안내를 부탁한다고 전화를 해왔다. 욕이 저절로 나왔다. 그들은 파푸아뉴기니가 어떤 나라인지, 현실과 문화가 어떤지도 살피지 않았을 것이다. 그저 얄팍한 지식으로 파푸아뉴기니 사람들을 원시인이라고 멸시했을 것이다. 그러지 않고서야 그렇게 함부로 나올 수는 없는 것이다. 쓴웃음이 나올 따름이다.

상구마는 원주민들의 뿌리 깊은 문화이며 전통이고 생활이다. 누구도 함부로 상구마에 대해 말하지 않고 부정하지 않는다. 마음속 깊은 곳에서는 에이즈도 상구마에서 비롯된 것이라고 생각하고 있

21세기의 원시 문명

다. 항상 주변에서 그들을 지켜본다고 믿는 조상신 '툼부나'처럼 상구마는 그들의 가슴 한구석에 늘 자리 잡고 있다.

　파푸아뉴기니를 흔히 원시문명과 현대문명이 공존하는 곳이라고 하는 것은 이처럼 이 시대에도 정글 속에서 그들만의 독특한 원시적 방법으로 살아가는 부족들이 많기 때문일 것이다.

피엔지 걸

*파푸아뉴기니(Papua New Guinea)를 머리글자만 따서 피엔지(P.N.G)라고도 부른다.

남태평양 섬나라에 사는 원주민은 대부분 폴리네시아인이기에 파푸아뉴기니도 폴리네시아인을 많이 볼 거라 생각하겠지만 파푸아뉴기니 사람들은 90%가 멜라네시아인이다. 일부 섬지방에나 폴리네시안들이 소수 살고 있을 뿐이다. 멜라네시아인은 아프리카 흑인들처럼 곱슬머리가 특징이다. 고산지방 멜라네시아인은 멜라네시아인 치고도 험악하게 생긴 편이다.

우리 가족이 이주해 오기 전에 나는 파푸아뉴기니에 먼저 와서 1년 이상을 혼자 살았다. 그동안 집사람은 혹시 여자라도 숨겨놓았나 염려해 이곳에 한번 와보고 싶어했다. 여기에 여자는 없고 짐승만 있으니 걱정 말라는 농담으로 안심을 시켜주었으나 믿지 않는 눈치였다. 그래서 집사람이 먼저 와보기로 했다. 가족이 다 이주해 올 곳이기에 미리 와서 봐두는 것도 좋을 것 같았다.

집사람은 남태평양이라고 하니까 그저 타이티에서 미녀들과 놀았다던 화가 고갱의 이야기와 그림을 떠올렸던 모양이다. 그래서 예쁜 폴리네시아 여자들이 있을 거라고 생각했는데 직접 와서 보니 여자들이 모두 다 턱에 수염이 나고 고릴라같이 생긴 것에 무척 놀랐다. 얼굴만 보면 도저히 남자인지 여자인지 구분이 안 간다며 이상해했다.

그렇게 2주일을 보낸 후 필리핀으로 함께 가서 일주일간 관광을 즐기고 집사람은 한국으로, 나는 다시 파푸아뉴기니로 돌아왔다. 한국으로 돌아가기 전 집사람은 불쑥 '그쪽에서 하고 싶은 맘이 들면 잘해 봐'라고 말했다. 어지간히 안심이 되었던 모양이다.

이곳 정글에 사는 원주민 여자들은 15~16세 정도면 대개 결혼을 한다. 멜라네시아인들도 어린 처녀들은 날씬하고 예쁘다. 하지만 결혼하여 아이를 낳으면 몸이 불기 시작하는데 2~3명 이상 낳고 나면 그야말로 20대에 벌써 뚱뚱보 아줌마가 되어버리고 만다. 도시에 사는 여자들은 그보다 조금 늦은 20세 전후에 결혼을 한다. 정글에 사는 여자들보다는 조금 나은 편이지만, 애를 낳고 나면 뚱뚱보가 되는 건 마찬가지다.

여자들은 화장도 하고 몸매도 가꾸고 옷도 잘 차려 입고 해야 예쁜 법인데, 일단 결혼 후 애를 낳고 나면 농사지으랴 애 키우랴 자신

을 돌볼 겨를이 없어진다. 거기에 멜라네시아인 유전자가 그런지 이곳 여자들은 수염이 많이 나는 편이다. 펑퍼짐해져 버린 몸매에 수염까지 덥수룩하니 얼굴만 보고는 여자인지 남자인지 도저히 구분할 수 없다.

이곳에 혼자 살면서 상점을 하던 한 한국 사람이 다른 한국 사람에게 상점을 넘겨주고 떠나게 되었다. 새로 인수한 사람과 함께 송별식을 하는 자리에서 술이 얼큰하게 취하자 두 사람은 서로 의기투합하였다. 한 사람은 이제 파푸아뉴기니를 마지막 떠나려는 참이고 다른 한 사람은 이제 처음 왔다. 그러니 예쁜 '피엔지 걸'들과 하룻밤 즐겨볼 계획을 한 것이다.

그러나 두 사람은 모두 그 대가를 톡톡히 치러야 했다. 상점을 인수한 사람은 아침에 일어나보니 아가씨와 함께 주머니에 두었던 돈 20만 원 정도가 사라져버렸다. 말하자면 하룻밤을 보낸 아가씨에게 '아리랑치기'를 당한 것이다. 한국으로 돌아간 사람이 치른 대가는 이보다 더 골치 아픈 것이었다. 하룻밤을 지낸 선물로 받아온 것이 하필이면 성병이었다. 그 때문에 부부가 성병으로 톡톡히 고생을 했겠지만 성병보다도 부인에게 받았을 그 대가는 아마도 아주 더 호된 것이었을 것이다.

파푸아뉴기니 여자들은 성적으로 대단히 개방되어 있는 편이다. 또 여자들을 사고파는 풍습이 있어 부모는 딸을 재산으로 생각한다.

21세기의 원시 문명

존재 자체가 재산인데다가 돈까지 벌어오는 여자는 능력 있는 여자다. 돈을 벌기 위해 하는 일이 몸을 파는 것이어도 능력 있는 여자라는 평가엔 변함이 없다.

　원주민들이 사는 집은 하나의 공간으로 가운데는 불을 피울 수 있게 되어 있다. 불을 피워놓고 온 가족이 빙 둘러서 다 함께 잠을 자기에 정상적인 부부생활을 할 수 없는 구조다. 교미 시 전위를 취하는 것은 인간뿐이다. 모든 동물들은 후위를 취한다. 하지만 집 구조상 여건이 안 되는 파푸아뉴기니 원주민들은 후위를 취할 수밖에 없었을 것이다. 이런 사정이 이들의 전통 춤에 표현되는 것이 아닐까. 이들의 전통 춤은 성행위를 상징하는 동작들이 많은데 춤을 출 때 남자가 여자 뒤에 선다. 마주 보는 일은 절대 없다.

　여자들의 애정 표현도 무척 대담하다. 이곳 여자들은 자기 마음에 드는 남자에게는 처음 만났다 하더라도 마음에 드니 오늘밤 함께 지내자고 말한다. 그러면서 손으로 남자의 성기 부분을 스스럼없이 만진다.

　이들은 잠을 잘 때는 알몸으로 잔다. 선천적으로 몸에 열이 많기 때문이다. 이런 여자들과 밤을 함께 보낸다면, 게다가 이들이 그냥 자는 것이 아니라 따뜻한 알몸으로 달려든다면 남자로서 그 유혹을 뿌리치기는 무척 힘든 일이다.

　파푸아뉴기니 여자들은 누구나 외국인과의 결혼을 꿈꾼다. 나이

원주민 소녀들. 파푸아뉴기니 여자들은 누구나 외국인과의 결혼을 꿈꾼다. 나이와 국적은 상관이 없다.

와 국적은 상관이 없다. 부모는 자기 딸이 외국인과 살게 되면 무척 기뻐한다. 신부대금은 외상이라도 좋다. 모든 외국인은 부자라서 나중에 얼마든지 큰돈을 받을 수 있다고 생각하기 때문이다. 그래서 어떻게 해서든 외국인과의 결혼을 성사시키려고 한다.

　외국인과의 사이에서 태어난 혼혈은 원주민보다 훨씬 똑똑하다. 실제로 성공한 사업가, 국회의원, 수상까지 이 나라 유지들 중엔 혼혈이 많다. 그래서 파푸아뉴기니 여자들은 외국인과 결혼은 못하더라도 아이라도 가지려고 애쓴다. 이 때문에 외국인 남자가 강간당하는 일이 종종 일어난다. 파푸아뉴기니에 오면 남자들은 조심해야 한다.

떼강도, 라스콜

수십 명씩 떼로 몰려다니며 은행과 상가를 습격하고 도로를 차단하여 지나가는 차량을 탈취하는 무서운 떼강도 라스콜은 파푸아뉴기니를 치안 부재로 만드는 두려운 존재이다. 라스콜은 원래 부족전쟁 때 부족에서 제일 젊고 용감한 부족원들로 구성된 선봉대이자 부족을 지키는 수호신이었다. 이 죽음을 두려워하지 않는 용사들이 부족전쟁이 시들해지자 떼강도가 된 것이다.

부족전쟁에서는 창과 활, 부시나이프로 무장했던 라스콜이 이제는 미국제 자동소총 M16, 소련제 자동소총 AK, 쇠파이프로 정교하게 만든 사제총 등의 총기류로 중무장했다. 이들은 최소 대여섯 명에서 많게는 20명 이상 차를 타고 다니며 몰려다니기에 떼강도라고도 불린다.

원시 정글에 사는 부족들에게는 별다른 경제적 수단이 없다. 국가 개념이 없고 공권력은 미약하기에 공유와 원시의 생존법칙만이 중요할 뿐이다. 그러므로 죄의식이란 것도 전혀 없다. 그래서 훔친 물건을 내 것인 양 협상하는 일이 허다하게 일어난다. 돌려주는 것이 아니라 내 것을 너에게 줄 테니 돈을 달라는 식이다.

한번은 이런 일이 있었다. 같은 마운트하겐에서 친하게 지내는 한국 교민이 있었는데, 그 친구가 운영하는 식품도매상의 필리핀인 매니저가 배달을 나갔다가 라스콜을 만나 구입한 지 얼마 되지 않은 회사 차를 빼앗겼다. 경찰에 신고는 했지만 사건을 해결해 줄 것이라고 기대할 수는 없었다. 이런 일이 생겼을 때 파푸아뉴기니에서 경찰은 거의 무용지물이기 때문이다.

차를 훔쳐간 라스콜은 하겐 시내에서 20분 정도 걸리는 토고바 정글 지역에 사는 부족원들이었는데, 그 부족은 원래 라스콜로 유명했다. 라스콜들이 자동소총 등으로 중무장하고 은행을 턴 사건이 있었는데, 정황상 토고바 마을 부족의 소행이 틀림없었으나 물증을 잡을 수 없어 화가 난 경찰이 토고바 마을 일부를 불살라버리는 일이 있어 더욱 유명해졌다.

마침 토고바 출신으로 경비회사를 운영하는 현지인을 알고 있어 그에게 협상을 부탁했더니 그가 라스콜들과 협상하고 조건을 받아 왔다. 그때는 이미 밤 9시가 다된 늦은 시간이었으나 바로 현금 3천

키나(100만 원 정도)를 가지고 경찰에게는 알리지 말고 혼자만 오면 차를 돌려주겠다는 내용이었다.

경비회사 사장은 이미 협의한 조건이기에 별 문제 없을 것이라 했다. 밤에 움직인다는 것이 마음에 걸렸으나 차를 찾아야겠기에 차 주인인 식료품 도매상 사장, 나 그리고 현지인 경비회사 사장 셋이서만 경비회사 사장 차를 타고 토고바로 갔다.

큰길을 벗어나 토고바로 가는 샛길로 접어들자 산속 먼 곳에서 불빛이 반짝거렸다. 올라오라는 신호였다. 그들은 산꼭대기에서 우리가 오는 것을 지켜보고 있다가 차가 한 대만 오는 것을 확인하고 신호를 보낸 것이다. 산꼭대기로 올라가자 숲속에서 차 한 대가 보였다. 바로 도난당한 그 차였다. 우리가 가지고 있는 무기는 나와 식료품 도매상 친구가 가지고 있는 권총 달랑 2자루뿐이었다. 유사시에 대비해 권총을 장전하고 차에서 내렸다.

자동차 불빛이 건너편에 있던 그들의 모습을 비추었다. 그들은 수십 명으로 대부분 총을 들고 서 있었는데, 앞의 5~6명은 모두 M16 자동소총을 들고 있는 것이 또렷하게 보였다. 권총 두 자루로는 감히 맞설 수 없는 '병력과 화력'이었다. 그래서 얼른 권총을 품속에 감추었다. 괜히 그들의 화만 돋울 것 같았기 때문이다.

산속은 너무 위험할 것 같아 우리는 그들에게 큰길까지 가줄 것을 요구했다. 우리가 경찰도 없이 단독으로 온 것이 안심이 되었는지 흔쾌히 승낙하여 함께 내려왔다. 그 큰길에서 돈을 주고 차를 인도받아 무사히 돌아올 수 있었다.

라스콜들은 차를 훔치거나 빼앗으면 완전 분해하여 부속품만 팔아먹든지, 주인과 협상하여 돈을 받고 돌려주든지 둘 중 하나다. 고산지방 전 지역에 차량이라고 해봐야 얼마 되질 않기에 누구 차인지 대부분 알 수 있어 도난 차량을 절대 운행할 수는 없기 때문이다.

내가 직접 라스콜에게 당한 일도 있었다. 토요일 오후 골프를 치고 늦은 시간에 돌아온 참이었다. 비가 부슬부슬 내리고 날은 어두워지기 시작하였다. 집 앞에서 경비원에게 문을 열어달라고 경적을 울린 후 기다리고 있던 중이었다. 갑자기 뒤에서 총을 든 라스콜 5명이 나타나서 차 문을 열고 내 이마에 권총을 들이댔다. 권총의 차가운 금속이 이마에서 닿아 오싹하는 느낌이 무척 끔찍했다.

그 와중에도 나는 내 이마에 댄 그 총은 경찰관용 총인 38구경 리볼버인데 저놈이 저 총을 어디서 구했을까 궁금하게 생각하고 있었다. 또 다른 라스콜은 사제총을 내 옆구리에 대고 꾹꾹 찌르며 돈을 내놓으라는 뜻으로 "머니 캄, 머니 캄(Money come)" 하더니 나를 차에서 끌어내린 후 주머니 속 지갑에 있는 돈이며, 골프채는 물론 차까지 빼앗았다. 챙길 것을 다 챙기자 총을 들이대고 움직이지 말라고 "돈 무브(Don't move)" 하고 소리쳐 대더니 차를 몰고 사라져 버렸다.

영화에서는 멋지게 손으로 총을 쳐내고 제압하는 모습을 많이 봤지만 실제 총 앞에서는 아무 생각도 안 났다. 대문을 열어주러 나온 경비원도 갑자기 들이대는 총에 놀라 벌벌 떨 뿐이었다.

며칠 후 라스콜에게 뺏긴 내 차도 물론 돈을 주고 찾아올 수 있었다. 차를 빼앗기고 이틀 후 우리 집 경비원에게 어떤 사람이 찾아와 내 차가 있는 곳을 안다며 돈을 주면 찾아다주겠다고 했다는 말을 전해 듣고 차를 가지고 오면 돈을 주겠다고 약속을 했더니 차를 가지고 왔던 것이다. 차를 가지고 온 사람은 라스콜 중의 한 명이 틀림없을 테지만 경찰에 신고하지 않았다. 잘못하면 나중에 보복을 당할 수도 있기 때문이었다.

21세기의 원시 문명

토고바 마을사람들

　　내가 라스콜에게 차를 빼앗긴 일이 있고 나서 며칠 후 마침 KBS TV의 《세계는 지금》 담당 PD에게 전화가 왔다. 그에게 차 도난 사건의 얘기를 해주었더니 그걸 소재로 프로그램을 만들겠냐고 하여 프로그램 제작팀이 파푸아뉴기니로 왔다.
　　치안 부재인 파푸아뉴기니의 현실과 경찰들의 훈련, 활동 상황 등을 촬영하고 감옥의 라스콜들, 라스콜에게 당했던 사람들과 인터뷰도 했다. 그런데 담당 PD는 라스콜 마을에 가서 직접 그들을 촬영을 하고 싶어했다. 그것은 너무도 위험한 일이었다. 어떤 부족이 '우리 부족은 라스콜이다' 하겠으며, 어느 라스콜이 '나 강도다' 하며 자기 얼굴 촬영을 허락하겠는가. 그러나 담당 PD는 꼭 필요하다며 간절히 부탁했다.

그래서 할 수 없이 일전의 그 경비회사 사장과 함께 토고바 마을로 찾아가 족장을 만나 협조를 구했다. 촬영료로 2천 키나(70만 원 정도)를 줄 것이며 다큐멘터리 프로그램이기에 부족에겐 좋은 쪽으로 큰 도움이 될 것이라고 설득했더니 돈에 욕심이 나서인지 승낙을 했다. 경찰만 데리고 오지 않는다면 괜찮다고 했다.

그러나 우리가 불안하기에 경찰은 큰길에서 대기하는 조건으로 합의하고 촬영에 들어갔다. 토고바 마을에서는 2일간 촬영했다. 제작팀은 사격훈련, 일상생활, 사제총 제작 과정 등을 영상에 담았다. 마을 사람들은 촬영에 매우 협조적이어서 프로 영화배우들 같았다. 일사 분란하게 움직이며 시키지도 않았는데 실제로 노상 강도행위도 해주었다. 연출이 아닌 실제상황이었다. 우리는 당황했지만 몰래 숨어서 촬영만 하면 되었다. 덕분에 생생한 영상을 얻을 수 있었다.

그런데 이 프로그램이 한국에서 반영된 후 몇 명의 동료 교민들에게 많은 비난을 받았다. 한국에 있는 사람과 함께 투자하여 사업을 하려고 계획 중이었는데, 그 프로그램을 본 한국 투자자가 투자를 취소하려 한다는 것이다. 그 모든 것이 다 내가 그 프로그램 제작을 도와줬기 때문이라며 원망했다.

나는 그저 파푸아뉴기니 현실을 자세히 알려주려는 생각이었을 뿐, 이런 사업적인 면이 영향을 받을 것이라고는 상상도 못 했다. 나중에 사업 자체의 수익성 때문에 투자가 성사되어 사업을 하게 되었다고 해서 마음이 편해질 수 있었다.

한국의 금 수입업자들이 이곳을 많이 찾는 편이다. 이들이 오면 소문이 나지 않게 조심하라고 신신 당부를 잊지 않는다. 금을 사러 왔다는 소문이 나면 라스콜의 표적이 되기 때문이다.

한번은 포게라 금광지역으로 금을 사러 간다고 하기에, 차량은 너무 위험하니 헬기를 대절해서 가는 것이 좋겠다고 충고해 주었다. 그러나 그 사람들은 헬기 비용이 비싸 경찰에게 경찰차 한 대와 무장경찰로 경호를 해달라고 협조를 요청했다. 경찰은 기꺼이 그러겠다고 했다. 하지만 다음날 경찰과 함께 길을 떠나고 10분도 되지 않아 라스콜에게 한국 돈 1억 원 상당의 현금과 물품을 모두 빼앗겼다.

그 다음날 이 사건은 파푸아뉴기니 신문 일면 톱을 장식했다. 나중에 그 라스콜 중 몇 명을 체포하고 난 후 진상이 밝혀졌다. 호위경찰 중 한 명이 라스콜에게 정보를 주었던 것이다. 라스콜 중에 한 명이 그 호위 경찰의 친동생이었는데, 형인 경찰이 총까지 빌려주었다니 다 짜고 한 일이었다.

또다른 일도 있었다. 한국인 금 수입상 몇 명이 포게라에서 하루 종일 현지인들로부터 금을 매입했다. 그러나 그날 저녁 그들이 묵고 있던 호텔을 라스콜이 습격했다. 방문을 침대로 막고 결사적으로 버티었으나 라스콜이 산탄총을 문에다 발사하는 바람에 한국사람 2명이 손과 팔 등에 총알을 맞았다.

돈에 혈안이 되어 있는 라스콜 천지인 이곳에서 현금을 흔들고 다니면 '날 죽이고 현찰 빼앗아가시오'라고 광고를 하는 것이기에 이런 일을 당하는 것은 필연이다. 이 금 수입상들은 목숨을 보존할 수 있었던 것만으로도 다행이라 여겨야 할 것이다.

성실하게 살아가는 교민들 중에도 라스콜에게 당해 많은 피해를 보는 일이 드물지 않다. 한국인들은 주말에 장사하여 번 돈을 월요일 오전에 은행에 입금시킨다는 것을 아는 라스콜들이 한국인들이 은행에 가는 길목을 지키고 있다가 습격하는 바람에 현찰을 빼앗기는 일이 종종 발생한다.

또 장사를 마감하는 오후 늦은 시간에 손님을 가장해서 들어와 빼앗아 가는 경우도 있고, 경비원도 잠드는 새벽 취약한 시간에 상점을 침입해 비싼 물품들만 골라 털어 가기도 한다. 그런 와중에 라스콜에게 총이나 칼로 상해를 당하는 사례도 많다.

용감한 부족의 용사들이 왜 라스콜이 되었을까? 그것은 부족국가가 현대문명을 받아들이는 과정에서 생긴 소산이 아닐까 한다. 돈이 없으면 학교도 못 가고 아파도 병원에도 못 가고, 음식도, 여자도 아무것도 구할 수 없다. 필요한 것을 절대 얻을 수 없다. 이런 현실에 대해 부족들의 불만은 컸을 것이다. 그것은 정부에 대한 불만이며 문명에 대한 불만이었다.

이러한 불만이 무력 행동으로 표출된 것이 라스콜이다. 부족이란 단체가 있고 총이란 무기가 있기에 나쁜 쪽으로 집단행동을 할 수밖에 없게 되어버린 라스콜을 용서해서는 안 되겠지만, 그것이 그들의 생존방법이며 삶의 몸부림이라 생각이 드는 것은 어쩔 수 없는 일이다.

토고바 마을. 평화로워 보이는 이 마을에는 파푸아뉴기니의 떼강도로 유명한 라스콜들이 산다.

어이없는 고속도로 통행료

파푸아뉴기니에는 최대 항구 도시인 레이 항과 하일랜드를 연결하는 700km가 넘는 고속도로가 있다. 말이 고속도로지 실상은 우리 나라의 지방국도나 다름없는 좁은 2차선 도로다. 그러나 200만 명이 넘는 인구가 살고 있는 하일랜드의 모든 생활필수품을 수송하는 유일한 도로이며 세계에서 두 번째로 큰 금광인 포게라 광산을 연결하는 너무도 중요한 도로이기에 이 '하일랜드 하이웨이'는 하일랜드의 생명줄이다.

헬기를 타고 고속도로 상공을 날다보면 이 하이웨이 주변에만 집들이 밀집되어 있고 정글 속에는 사람이 거의 살고 있지 않는 것을 알 수 있다. 과연 저들은 무엇을 하며 살고 있는지 궁금할 때가 많았다.

일년 내내 자라는 풀들이 도로의 배수로를 막고, 매일 오후면 여지없이 퍼붓듯 내리는 스콜로 인하여 도로가 자주 침수되기 때문이기도 하지만 도로 관리가 제대로 되지 않아 도로 사정은 매우 나쁜 편이다. 도로 중간이 군데군데 깊게 파여 있고, 산악지형이라 경사가 급한 언덕길이기에 속력은 절대 낼 수 없다.

그런 상황인지라 떼강도 라스콜들이 제집 드나들듯 나타나기에 오후 늦은 시간이나 밤에는 다니는 차가 전혀 없다. 낮에도 차 한 대로만 가는 것은 매우 위험하다. 산꼭대기에서 보면 이쪽저쪽에서 오는 차들이 다 내려다보이기 때문에 혼자 지나가는 차가 보이면 신호를 받고 도로 옆 숲 속에 숨어 있던 라스콜들이 큰 통나무를 도로로 밀어 넣어 길을 막아버린다. 상태가 좋지 않은 급경사 언덕길이라 붕붕거리며 힘겹게 겨우겨우 올라가던 차는 갑자기 앞이 가로막히면 꼼짝없이 갇혀 라스콜에게 다 빼앗기고 만다.

이 고속도로에는 라스콜 말고도 통행료를 지불하여야 할 대상이 많이 있다. 도로 한가운데가 움푹 파인 곳이 있으면 주변 동네사람 수십 명이 삽을 들고 나와 파인 곳을 흙으로 대충 덮고 나서는 도로를 보수했으니 수고비를 달라고 도로를 차단하고 통행료를 받는다. 이런 때는 1천~2천 원 정도의 적은 돈을 받기에 대부분 돈을 주고 통과한다. 그러나 그런 곳이 한두 군데가 아니라는 것이 문제다.

통행료를 내야 할 대상에는 경찰들도 있다. 경찰은 수시로 도로를 차단하고 검문을 한다. 차량의 검사증도 검사하고 짐을 뒤져 무기 같은 것이 있는지도 확인한다. 경찰 검문이 있으면 라스콜이 못 나타나기에 안심은 되지만 경찰에게도 돈을 주어야 하기 때문에 비용은 든다. 배가 고프다느니, 기름이 떨어졌다느니, 차가 정비불량이라느니, 타이어가 너무 많이 닳았다느니 하면서 온갖 핑계와 이유를 대고 돈을 요구한다. 동네사람들은 1천~2천 원에 해결되지만, 경찰은 최소 5천~1만 원 정도는 주어야 한다.

가끔은 정부에서 도로 보수공사를 하지만 얼마 가지 못해 다시 형편없이 망가져버리고 만다. 매일 퍼붓듯 오는 스콜 탓도 크지만 그보다는 동네사람들이 밤마다 나와서 일부러 동네 앞 도로를 망가뜨리기 때문이다. 큰 망치와 쇠파이프 등을 들고 나와 도로 중앙의 아스팔트를 깨뜨리는데, 이렇게 한번 깨진 도로는 지니다니는 차량들로 인해 며칠 안 가 파손 부분이 더 커진다.

도로 사정이 좋아 차량들이 빠른 속도로 지나가버리면 도로변에 살고 있는 주민들에게는 아무 이득이 없다. 도로가 많이 망가질수록 차들은 천천히 다닐 것이고 그러면 행상을 하든지 도로 보수를 빙자해 통행료를 요구하든지 해서 돈을 벌 수 있다.

큰비로 산사태도 자주 발생한다. 산사태가 나서 도로의 일부가 막히면 그 주변 동네사람들은 신이 난다. 큰 돈벌이가 생기기 때문이다. 온 동네사람들이 나와 겨우 차량 한 대만 통과할 수 있는 정도

로만 흙더미를 치워놓고 1만~2만 원 정도의 큰돈을 받고 차를 통과시킨다. 비싼 돈을 주고라도 빨리 통과하는 것이 안전하고 이익이기에 모든 차량은 원하는 만큼 돈을 주고 통과할 수밖에 없다.

하일랜드 고속도로를 통행하는 차량의 대부분이 물품을 실어 나르는 컨테이너 수송차량들이다. 컨테이너 수송차량은 워낙 차가 크고 무겁기에 굽이진 비탈길과 망가진 도로에서 전복되는 사고가 자주 발생한다. 컨테이너가 전복되면 그 날은 근처 주민들에게는 대박의 날이다. 컨테이너 속에 있는 물품들은 대부분 식품 아니면 생활필수품이기 때문이다. 떨어진 과자에 개미 떼들이 붙듯이 온 동네사람들이 다 나와 컨테이너를 에워싸고 단단한 컨테이너를 순식간에 뜯어내 물건을 모두 다 가져가버린다.

가끔 자동차가 전복되어도 마찬가지이다. 다친 사람을 구할 생각은 전혀 하지 않고 입고 있던 옷까지 다 벗겨간다. 그뿐이 아니다. 어느새 각종 공구들을 들고 나와 차를 분해해서 다 가져가버린다. 반나절 정도면 차는 본체만 앙상하게 남는다. 신기할 정도다.

이런 이유로 운반비는 엄청나게 비싼 편이다. 어떤 때는 컨테이너 운전기사들이 일부러 짜고 사고를 내는 경우도 있다. 우리 공사 현장에선 중장비를 운행하기에 경유를 많이 사용했는데, 기름 값이 너무 비싸 수지타산이 맞지 않을 정도였다. 한번은 유류탱크 운전기사가 와서 현금을 주면 기름을 반값에 배달해 주겠다고 했다. 어떻

21세기의 원시 문명

게 그것이 가능하냐고 물었더니 우리 현장에 대형 기름탱크가 있기에 가능하다고 하면서 현장에 미리 기름을 실어다주고 돌아가면서 일부러 사고를 내어 차량을 전복시켜 버리면 된다는 것이다. 차량사고는 보험회사에서 보상해 주기 때문이다. 그런 사고들이 자꾸 일어나면 보험료도 운반비도 점점 오르고 그 모든 부담은 결국 소비자인 자기들의 몫이라는 사실을 그들은 모르는 것이다.

크리스마스 이브에 담배를 실은 컨테이너가 전복되는 바람에 1억원 상당의 담배가 뜻하지 않은 크리스마스 선물이 되어 온 고속도로에 널려진 적도 있었다. 보험에 들어 보상은 받았지만 그 때문에 당분간은 담배가 팔리지 않는다고 했다.

고속도로를 경계로 이웃하고 있는 부족끼리 전쟁을 하면 고속도로에 차량이 다닐 수 없게 된다. 양쪽 부족 모두 지나는 차량을 저으로 생각하고 공격하기 때문이다. 전쟁이 오래 지속되면 경찰이 파견되어 그 지역을 보호하여 차량 통행이 가능해지지만 대부분은 두 번의 통행료를 각 부족에게 지급해야 한다.

하일랜드에서는 고구마 한 보따리에 1키나(350원) 정도 한다. 그런데 해안지방에서는 그보다 10~20배 정도 비싸다. 품질 좋은 하일랜드의 농산물이 전혀 유통이 안 되는 것이다. 반대로 해안지방의 2~3키나짜리 싼 물고기가 하일랜드에선 10배 이상 비싸다. 너무 비싸서 사는 사람이 거의 없다.

크고 싱싱한 배추 한 포기가 하일랜드의 고로카, 하겐에서는 3키나(1천 원) 정도인데, 해안지방 포트모르스비에서는 30키나(1만 원) 정도 한다. 너무 비싸 포트모르스비에 사는 한국 사람들을 위해서 비행기로 보내주곤 했다. 항공으로 보내면 운송비가 1kg당 2천 원 정도 하니 큰 배추 10포기를 보내면 배추 값은 만 원인데 운송비는 4~5만 원 든다. 그래도 그곳에서 사는 것보다는 싸고 싱싱하기에 항공편으로 조달하는 것이 훨씬 낫다.

산사태 등으로 도로가 막히면 물건 값에 큰 영향을 끼치기 때문에 운송회사들과 도매상들은 고속도로 사정을 매일 매일 점검해야 한다. 일주일 정도 도로가 막히는 사태가 발생하면 물건 값은 2배 이상 폭등한다. 몇 년 전에는 폭우로 큰 강을 건너는 다리가 유실된 적이 있었다. 복구하는 데 두 달 이상이 걸렸는데, 그동안 고산지방 전 지역에서는 식량이 동이 나고 가격이 10배 이상 폭등하는 사태가 벌어져 장사를 하는 교민들이 돈을 많이 번 적도 있다.

그러나 가장 황당한 것은 수도 포트모르스비에까지 이어지는 도로가 없다는 사실이다. 모든 국가 행정업무가 수도인 포트모르스비에서 이루어지는데 비행기 말고는 갈 수가 없으니 고립된 지역이나 마찬가지다. 이 나라 수도는 핏줄이 없으니 죽은 도시라 해도 과언이 아니다. 무엇보다도 도로로 연결이 안 된 고립된 도시를 어떻게 호주와 가까운 항구라는 이유만으로 국가의 수도로 정했는지 도저히 이해가 되질 않는다.

　파푸아뉴기니에 도로 사정이 열악한 데는 2가지 이유가 있다. 우선 부족한 국가의 재정이다. 도저히 도로를 신설할 형편이 되질 않는 것이다. 그러나 더 큰 이유는 전 국토의 97%가 국가 소유가 아닌 부족 소유라는 데 있다. 엄청난 보상이 이루어지지 않는 한 부족들의 동의를 얻을 수 없기에 도로 신설은 거의 불가능하다.

　도로는 핏줄과 같다. 피가 원활하게 잘 소통되어야 건강한 것인데 단 하나밖에 없는 고속도로가 이 지경이니 파푸아뉴기니는 병에 걸려도 고질병에 걸린 것이다. 도로 사정이 파푸아뉴기니 경제의 흐름을 막고 있는 것이다.

거짓말이 습관인 사람들

"전 세계에서 가장 거짓말을 잘하는 사람들이 파푸아뉴기니 원주민이다." 현지인과 함께 사업을 하다가 손해를 본 어느 한국 교민이 한 말이다. 틀린 말은 아니다. 이들의 거짓말은 습관적이다. 자기 이익을 위해서라면 그 이익이 아무리 사소한 것이라도 말을 너무 쉽게 한다.

일을 시키면 대답은 기가 막히게 잘한다. 그것도 듣기 좋은 말만 한다. 절대로 부정적인 말은 하지 않는다. 또 상대방의 비위를 잘 맞추고 비열하다 싶을 정도로 아부를 한다. 이들의 말을 곧이곧대로 들었다가는 엄청난 손해를 보기 십상이다. 그렇기 때문에 항상 경계하고 사실 여부를 확인해야 한다. 시간 개념도 없고 선천적으로 게으르기에 일을 열심히 하지 않는다. 대체적으로 맡긴 일의 절반도 마무리

하지 못한다. 그러나 일을 마치지 못한 것에는 언제나 이유가 있다.

하루는 새벽에 개가 하도 짖어대 밖을 내다보니 도둑이 담을 넘다 철조망에 걸려 쩔쩔매고 있었다. 경비원들과 함께 나가보려 인기척을 내니 도둑은 옷이 찢어진 채 달아나고 말았다. 한 시간쯤 후에 그 도둑 패거리가 경찰관들과 함께 집으로 찾아왔다. 팔에 상처를 입고 옷이 찢어져 피해를 보았으니 변상을 해달라는 것이다. 개가 짖어대 무슨 일인가 하고 도와주려고 담에 올랐다가 피해를 보았다는 어처구니없는 거짓말을 한다. 함께 온 사람들이 사실이라며 자기들이 증인이라고 우겨댔다. 결국 치료비와 옷값을 물어주었다.

또 이런 일도 있었다. 직원 한 명이 아무 말 없이 결근해 그 다음날 물어봤더니 엄마가 죽었다고 한다. 그러면 며칠 출근 안 해도 괜찮다고 하니 하루면 충분하단다. 이상하다고 생각했으나 확인할 길이 없었다. 그런데 몇 달 안돼 그 직원이 또 엄마가 죽었다고 결근을 했다. 지난번에도 엄마가 죽었다더니 또 엄마가 죽었냐고 물으니 둘째 엄마란다. 파푸아뉴기니 사람들은 동네에 남자가 죽으면 아버지가 죽었다고 하고 여자가 죽으면 엄마가 죽었다고 한다. 부족사회이기에 부족원이 죽으면 반드시 함께해야 하는 것은 나도 잘 알고 있다. 사실대로 말하면 하루 정도는 휴가를 줄 텐데 굳이 거짓말을 한다.

자기가 잠든 새 창고가 털려도 경비원은 절대 잠을 자지 않았고 눈만 감고 있었을 뿐이라고 금방 들통 날 거짓말을 한다. 내용이 어

떻든 그 순간을 모면하려는 것이다. 주인이 집을 비우면 기회다 싶어 밖에 나가 실컷 놀다 집 주인보다 늦게 들어오고서도 집 주인이 어디 갔었냐고 물으면 화장실에 잠시 다녀오는 거라며 둘러댄다. 주인이 1시간 전부터 와 있었다고 다그치면 늦게 들어올 줄 알고 밥 먹고 왔다는 또 다른 핑계가 나온다.

늘 이런 식이다. 절대 자기가 한 일을 사실대로 말하지 않는다. 왜 그런 거짓말을 했냐고 물으면 언제나 대답은 '미노사베'(Mi no sabe. 나는 모른다)다. 잘못을 했어도 그저 모른다고 하거나 몰랐다고 하면 만사 다 해결되는 것이다.

물론 한국 사람들 중에서도 거짓말을 잘하는 사람들이 많다. 밤새 놀다가 들어와서 초상집에 다녀왔다는 아주 일상적인 거짓말도 있지만 자기 이익을 위해 사기를 치고, 마음에 들지 않는 사람을 궁지에 몰기 위해 거짓말을 하고, 하나님을 빙자해 천벌을 받을 거짓말을 하는 사람들은 어디든지 반드시 있다.

한번은 밥을 먹고 있는데 옆에 아는 원주민이 있어 밥을 주었다. 그런데 다음날 밥을 먹고 있는데 또 온 것이다. 그래서 할 수 없이 또 밥을 주었다. 다음날도 여지없이 나타났다. 일부러 밥을 얻어먹으려고 온 것이 틀림없었다. 오죽 배가 고팠으면 그러랴 싶어 마지막으로 밥을 주고 이젠 오지 말라고 하였다. 다음날 그 사람이 경찰관과 함께 많은 사람들을 데리고 나타났다. 매일 밥을 주기로 약속했는데 어제부터는 주질 않아 굶었으니 보상하라는 것이다. 고마움도 모르고 어떻게 저런 거짓말을 할 수가 있는지 기가 막혔다. 결국 또 보상을 해주었다. 그런 거짓말에는 당할 도리가 없다.

또 한번은 이런 일도 있었다. 집사람에게 생일선물로 흑산호를 14금으로 장식한 귀걸이를 선물했다. 그런데 얼마 후에 그 귀걸이가 없어졌다. 집사람은 틀림없이 화장대 위에 올려놨는데 없어졌다며 가정부가 훔쳐간 것 같다고 했다. 괜한 사람 의심하지 말고 잘 찾아보라고 했으나 결국 찾지 못했다.

그리고 몇 달 후 일하는 가정부의 귀를 보니 그 귀걸이가 걸려 있었다. 집사람이 깜짝 놀라 귀걸이를 빼앗았다. 가정부는 자기가 직접 가게에서 산 것이라며 돌려달라고 우겼다. 하지만 그 귀걸이는 일반 상점에서는 팔지 않는 것이었다. 포트모르스비에 있는 보석상에서만 파는 것이라 집사람의 생일에 특별히 주문했던 것이다. 이런 상황을 알려주고 거짓말 하지 말라고 다그치니 이번에는 자기한테 주지 않았느냐며 도리어 따지고 들었다. 집사람이 너무 어이가 없어 생일선물 받은 것을 왜 주겠냐며 심하게 나무라자 또 말을 바꾸어 땅바닥에 버려진 것을 주워서 가졌을 뿐이라고 둘러댔다. 거짓말이 꼬리를 물었다.

거짓말이 습관이 되어 있는 종업원들을 다루는 일은 정말 어렵다. 모르는 척하면 자기 거짓말이 통한 줄 알고 속아 넘어간 사람을

바보로 무시하며 계속 거짓말을 할 것이기에 그럴 수도 없다. 거짓말 하지 마라, 나는 이미 다 알고 있다고 혼내도 거짓말한 것을 죽어도 인정하지 않는다. 그러니 해고할 수도 없고 때려줄 수도 없어 더 큰 낭패를 볼 수도 있다.

그래서 나는 거짓말하는 당사자에게는 아무 대꾸도 하지 않고 주위 모든 사람들에게 요목 조목 따져가면서 합리적으로 그것이 거짓말임을 설명한다. 그러면 거짓말한 사람은 더 이상 거짓말을 할 수 없게 되고 사람들에게는 내가 결코 바보가 아님을 알릴 수 있다.

그렇지만 무지하여 단순한 그들은 아주 사소한 일에도 목숨을 걸고, 남들 보는 데서 당한 모욕은 명예회복을 위해 보복을 하기에 잘못하면 해코지를 당할 수도 있다. 때문에 현지인을 다루는 일은 항상 조심스럽고 신중히 해야 한다.

거짓말은 생활환경과 밀접한 관계가 있는 것 같다. 신용사회인 선진국일수록 거짓말을 할 필요성이 적지만 후진국일수록 어려운 삶을 살아나가기 위해서는 많은 거짓말이 필요하다. 파푸아뉴기니는 대개 생존이 최우선인 부족사회이기에 생존이라는 목적을 달성하면 수단은 전혀 개의치 않는다. 그들의 거짓말은 생존을 위한 처절한 발버둥이기도 하다

오늘은 또 어떤 거짓말이 나를 기다릴까? 기대도 되지만 항상 긴장감에 뒷골이 아프다.

생존을 위한 보복

원시 부족사회에서는 매일의 삶이 생존과 직결되어 있다. 목숨을 보존하기 위해 식량을 확보해야 하고, 종족을 보존하기 위해 땅과 여지를 확보해야 한다. 이를 위해서는 부족의 강인함을 유지하고 세를 확장해야만 하므로 다른 부족과의 이런저런 마찰로 전쟁은 불가피하다. 생존을 위해 침범하고, 침범당해서 응전한다. 이 과정에서 보복하지 않으면 또 침범을 당하여 부족 자체의 존폐가 위험해지므로 생존을 위해 보복전쟁을 한다. 보복은 부족의 생존 그 자체이다.

밀림에 사는 파푸아뉴기니 사람들은 밀림 생활의 필수품인 부시나이프(bush knife. 정글 칼)를 항상 들고 다닌다. 부시나이프는 60~80cm 정도로 커서 언제든 무기로 변할 수 있다.

시내 한복판에서 대낮에 6명이 부시나이프로 1명을 무차별 공격

한 일이 있었다. 경찰이 곧 출동하였으나 6명은 뿔뿔이 흩어져 도망가버렸고 당한 사람은 병원으로 옮겨졌으나 죽었다. 그러나 경찰은 도망간 6명은 잡을 생각도 않고 구경꾼들을 해산시키는 데만 신경쓸 뿐이었다. 이 일은 서로 전쟁 중인 한 부족의 사람들이 적 부족의 사람을 일부러 많은 사람들이 지켜보는 데서 보란 듯이 보복한 것이었기 때문이다.

부족전쟁 중 벌어지는 집단 살인극은 전쟁의 정당방위일 뿐이다. 이에 대해 법의 심판이라든가 공권력의 개입 같은 것이 없으니 살인이 허다하게 일어나고 전쟁은 끊이질 않는다. 파푸아뉴기니 정부에서는 중재의 노력을 하지만 부족전쟁으로 죽은 부족원들의 보상 문제 때문에 화해에 이르는 일이 그리 많지 않다. 보상을 해주지 않으니 보복을 하는 것이고 보복에 대한 보복이 계속 이어질 뿐이다.

평소에 친하게 지내던 경찰청 장관이 큰 행사가 있으니 함께 가자고 하여 따라나선 적이 있었다. 하일랜드 비포장 밀림 속을 차량으로 3시간 정도 가야 하는 아주 깊은 정글 속의 오카파라는 동네였다. 우리가 참석할 행사는, 모두 17명의 인명을 잃은 몇 달간의 부족전쟁 후 극적으로 협상이 이루어져 치러지는 보상과 평화협정을 위한 화해의 의식이었다. 경찰청장관, 주지사, 국회의원, 신문사와 방송국 관계자 등 많은 사람들이 관심을 갖고 참석한 큰 행사였다.

전쟁 당사자 부족들은 서로의 세를 과시하기 위하여 모든 부족원들을 총출동시켰다. 그들은 부시나이프, 창, 활, 사냥용 총, 쇠파이프를 이용해 정교하게 만든 사제총은 물론이고 미국제 M16 자동소총, 소련제 AK 자동소총까지 들고 나왔다. 이렇게 중무장한 부족원들은 행진을 하면서 화가 난 듯 소리를 지르고 노래를 불렀는데, 금세라도 다시 싸움이 시작될 것 같은 살벌한 분위기였다.

지역 경찰서장, 국회의원, 각 부족 대표들의 연설이 있은 후 보상이 시작되었다. 양쪽 부족 중 이번 전쟁에 죽은 사람들의 미망인, 어머니 들이 아이들 손을 잡고 장례식에 참석하는 것처럼 얼굴에 온통 흙칠을 하고 들어와 연단 밑에 자리를 잡았다. 여기저기서 흐느껴 우는 소리가 들리자 장내의 분위기는 숙연해졌다.

곧이어 수십 마리의 돼지들이 시끄럽게 등장하였다. 그 뒤를 이어 여자들이 무무를 키다란 그릇에 담아 들고 들어왔고 남자들은 바나나, 파인애플, 사탕수수, 얌, 따로, 고구마 등을 들고 들어왔다. 곧 연단 앞에는 엄청난 양의 음식물이 쌓였다.

정부에서 마련한 수백만 원 상당의 현금 보상금 전달식이 있은 후 연단 밑에 마련된 테이블에서 화해각서 서명식이 진행되었다. 몇몇 젊은 부족 대표들이 보상이 불만족스럽다며 서명을 거부하고 소리를 지르는 바람에 행사장이 술렁거리기도 하였으나 경찰서장, 국회의원, 부족 원로 들이 잘 설득하여 무사히 서명을 마쳤다.

신부대금을 주지 않아 일어난 신부 오빠와 신랑 사촌 간의 싸움

생존을 위한 부족 전쟁. 보복은 부족의 생존 그 자체이며 당한 만큼 철저히 보복하기에 결코 서로 얕잡아보지 못한다.

으로 시작된 이 부족전쟁은 서로 피해만 보고 끝났지만 두 부족 모두 자부심이 대단했다. 그것은 당한 만큼 철저히 보복했기에 서로 자기 부족을 결코 얕잡아 보지 못할 거라는 자신감이다. 원시 부족들의 생존에 이 자신감은 꼭 필요한 것이었다.

남양군도의 위령제

에메랄드빛 바다에 야자수 한들거리는 하얀 백사장의 파라다이스. 환상의 섬 남태평양을 우리나라 사람들은 그저 막연히 남양군도라 불렀다. 일제 강점기 농토를 모두 빼앗기고 살기 어려워진 한국 사람들은 떼돈을 빌 수 있다는 일본인들의 감언이설에 속아 머나먼 남양군도에 강제 징집되어 왔을 때의 일이다.

대한민국 국무총리 산하 '일제 강점하 강제동원피해 진상규명위원회'에서 2차 세계대전 당시 파푸아뉴기니에서 사망한 한국인들의 위령제를 지낸다고 안내를 부탁한다는 연락을 받았다.

몇 년 전에 이곳 파푸아뉴기니 웨왁에서 2차 세계대전 당시 일본군으로 왔다가 포로로 잡혀 종전 후 일본을 거쳐 한국으로 송환되었던 한국인 한 분이 죽기 전에 꼭 다시 와보고 싶다며 찾아온 적이 있었다. 그는 같이 왔다가 죽은 한국인들을 기억하고 추모하기 위해 조그만 기념 추모비를 만들어 와서 웨왁에 세웠다. 그의 증언으로 파푸아뉴기니에서 수백 명이 넘는 한국인들이 죽었다는 사실이 세상에 알려졌다.

2007년 3월 위안부 문제 연구자 박은희 선생과 일본사 전공 전영숙 선생이 진상규명위원회의 조사관으로 위령제 사전답사를 위해 파푸아뉴기니를 방문했다. 두 조사관은 일주일간 웨왁과 라바울을 둘러봤는데, 내가 안내를 맡았다.

파푸아뉴기니에 한국인들이 처음 들어온 것은 1941년이다. 1천7백여 명의 해군 군속 노무자들이 라바울과 뉴기니 각 지역으로 배치되었다. 그 다음해인 1942년에는 약 3천 명 정도의 한국인들이 일본 육군 20사단과 41사단 소속으로 왔다.

뉴기니에서의 전투는 처음부터 일본군의 패전으로 시작됐다. 1944년 4월 연합군이 웨왁에 상륙하자 일본군은 고립되어 전투다운 전투도 못 해보고 늪지대와 정글 등으로 후퇴하다가 굶주림과 말라리아 등으로 죽어갔다.

1944년 8월 사이판이 연합군에 점령된 후 태평양전쟁이 끝나자 뉴기니에 고립되어 있던 대다수의 일본군들은 무참히 죽어갈 수밖에 없었다. 살아남은 소수 일본군들은 무장해제를 당한 후 웨왁 앞바다 무슈 섬의 포로수용소에 수용되었다가 1946년 귀환되었다.

구사일생으로 뉴기니에서 생존하여 한국으로 돌아간 사람들 중에는 후에 육군 참모총장, 일본대사를 역임한 최경록, 육군 준장으로 예편한 유기화, 치안국장을 역임하며 백두산호랑이라 불렸던 김종원 등이 있다.

뉴기니 섬에 강제 동원되었던 한인들은 총 4천4백여 명 정도이며 그중 살아 귀환한 사람은 겨우 3백 명 정도에 지나지 않는다고 한다. 일본 해군 사령부가 있던 라바울에 우리나라 여성들도 상당수 끌려왔던 사실도 확인되었다.

두 조사관과 동행하며 파푸아뉴기니가 우리에게는 뼈아픈 역사의 현장이라는 사실을 알게 되었다.

사전답사를 하고 한 달 후 진상규명위원회 이진홍 과장을 단장으로 유가족 21명, 위원회 직원 5명, 기자 1명 등 총 27명이 위령제를 위하여 파푸아뉴기니를 방문하였다. 이미 60대 후반에서 70대 초반의 노인이 되어버린 유가족들은 60여 년 만에 상복으로 갈아입고 제단 앞에서 서서 선친들의 영정 앞에 분향재배하고 통곡하였다. 옆에서 보는 나도 뜨거워진 눈시울을 참기 어려웠다. 이렇게라도 위령제를 봉행할 수 있어서 유가족들의 한평생 쌓인 한이 조금이라도 풀어졌기를 바랐을 뿐이다.

위령제는 한국 정부와 일본 정부가 공동으로 혼령이나마 위로하고자 파푸아뉴기니의 웨왁과 라바울에 마련한 것이었다. 한국 정부에서는 박상윤 주 파푸아뉴기니 대사와 박필진 참사관이, 일본 정부에서는 주 파푸아뉴기니 일본 대사관의 스스무 키요사와 영사가 참석했고, 파푸아뉴기니 한인회에서도 여러분이 참석하였다. 웨왝 위령제는 한국의 〈경향신문〉에, 라바울 위령제는 이곳 파푸아뉴기니 영자 신문인 〈포스트커리어〉에 보도되었다.

  많은 인원을 한꺼번에 이동시킨다는 것은 쉬운 일은 아니다. 게다가 유가족 대부분이 연로하셔서 무더위, 음식, 취약한 시설 등 많이 힘들어하셨다. 단체여행 가이드 경험이 일천한 내가 치안 상황이 나쁜 파푸아뉴기니이기에서 이분들을 안전하고 쾌적하게 모시기는 어려운 일이었다.

  그러나 너무나 중요하고 뜻 깊은 행사이기에 잘 진행될 수 있도록 7박 8일간 밤잠 설치며 내 모든 역량을 총동원하여 최선을 다했다. 다행히 아무 사고 없이 행사가 잘 끝나서 무척 감사했다. 정신과 육체 모두 힘들었지만 자부심과 보람은 무엇보다 컸다.

위령비 아래로 보이는 라바울의 모습. 뉴기니 섬에 강제 동원되었던 한인들은 총 4천4백여 명 정도이며 그중 살아 귀환한 사람은 겨우 3백 명 정도에 지나지 않는다고 한다.

악어 부족의 성인식

웨왝에는 남태평양에서 제일 긴 쎄픽 강이 있다. 그 길이가 장장 1600km에 달한다고 한다. 쎄픽 강 일대는 아마존 강보다도 더 접근이 어려웠던 인류 최후의 원시밀림이다. 광활한 늪지대라는 지형적 특성에서 비롯된 40°C의 폭염과 수없이 달려드는 모기떼, 말라리아 발병의 위험 등이 사람의 접근을 막기 때문이다.

쎄픽 강 유역은 지구상에서 유일하게 야생 악어가 서식하고 있는 곳으로도 유명하다. 이곳에는 야생 악어를 사냥하며 살아가고 있는 원시부족들이 있다. 악어를 신으로 섬기면서도 유일한 단백질 섭취 원인 악어를 사냥하여 먹고 사는 악어부족이 그들이다. 쎄픽 강 하류에 있는 고로고, 팔람베, 얀잔, 강가나문 마을이 이들의 터전이다.

그동안 쎄픽 강은 KBS 프로그램 촬영을 위해 세 번, 2차 세계대

전 당시 희생된 한국인들에 대한 조사와 위령제 준비를 위하여 두 번 왔었다. 2007년 8월 일주일간 안동 하회탈박물관 관장님과 함께 독특한 가면들을 구할 목적으로 쎄픽 강에 또 가게 되었다. 쎄픽의 관문인 웨웩 시는 파푸아뉴기니 수도 포트모르스비에서 비행기로 2시간이 걸린다.

악어 조각과 전통 문양 등으로 장식한 쎄픽의 명물 윔잠마 호텔에서 하룻밤을 보내고, 다음날 아침 7시에 4륜구동차를 타고 호텔을 출발하여 비포장 정글 도로를 달렸다. 그렇게 3시간 반을 달려 쎄픽 강의 중류 지점 교통의 요충인 파구이에 도착했다.

오래전부터 알고 지내던 안내원들에게 미리 연락을 해놓았던 터라 그들은 강가에 대형 통나무 카누 한 대를 대기시켜 놓고 기다리고 있었다. 통나무 카누는 큰 통나무를 통째로 속을 파고 모터를 단 배였다. 안내원을 비롯한 현지인 3명과 함께 우리 일행 5명은 쎄픽 강 하류를 향해 출발했다.

가는 동안 카누 위에 꼼짝 없이 앉아서 40°C를 오르내리는 적도의 강렬한 태양빛을 받아야 했다. 썬크림이 줄줄 흘러내렸고 햇빛을 가리려고 덮어쓴 수건은 땀으로 범벅이 되었다. 그렇게 2시간 넘게 달려 팔람베 마을 어귀에 도착하였다.

도착의 행복도 잠시 마을 초입에 있던 늙은 노파들이 며칠 전부터 아무도 마을에 들어갈 수 없다고 했다. 신령을 모시는 탐부란하우스에서 성인식이 있기 때문이었다. 이틀 전에도 4명의 성인식이 있었고 그날 아침에도 3명의 성인식이 있었다고 했다.

악어부족의 성인식은 그 끔찍함으로 정평이 나 있었다. 각 부족들마다 독특한 의식이 있지만, 악어부족의 성인식은 독특하다기보다는 지독히도 원시적이었다. 나는 전부터 이 성인식이 꼭 한번 보고 싶었다.

안내원들과 마을 노파들의 만류를 뿌리치고 무작정 마을로 들어갔다. 10여 분을 정글 속으로 걸어 들어가자 수십 호의 전통 가옥들이 옹기종기 모여 있는 게 보였다. 그 마을 한가운데 커다란 탐부란하우스가 있었다.

큰 나뭇가지를 통째로 잘라다가 탐부란하우스 주위를 감싸며 촘촘히 세워놓은 것이 출입금지임을 알리고 있었다. 탐부란하우스에는 성인식을 치른 남자들만 출입할 수 있다. 마을에는 사람의 모습이 보이지 않았고 정글의 이름 모를 새들이 "캭캭" 하며 내는 괴이한 소리가 적막을 두드러지게 했다. 마을은 무섭기까지 했다.

용기를 내어 탐부란하우스 쪽으로 다가가자 안에서 젊은 원주민 한 사람이 나와 무슨 일이냐고 물어왔다. 화를 내거나 당장 돌아가라고 할 줄 알았는데 일단 안심이 되었다. 현지말로 정답게 인사하고 내가 10년 전부터 여러 번 여기 온 적이 있는데, 성인식을 꼭 보고 싶어서 못 들어오게 하는데도 들어왔다고 설명했다.

그 남자가 잠시 기다려 보라고 하며 탐부란하우스로 들어가고 나서 곧 마을 추장과 몇몇 사람들이 나왔다. 그런데 그중 한 명이 '원톡' 하면서 아는 척을 해왔다. 몇년 전 촬영차 왔던 나를 기억하고 있었던 것이다.

성인식은 이틀 전에 4명, 그날 오전에 3명이 치렀고, 바로 성인식을 끝낸 7명이 탐부란하우스에서 휴식 중이라며 들어가서 보고 사진 촬영을 해도 좋다는 허락을 받았다.

악어를 신으로 모시는 악어부족은 15~16세가 되면 청년들은 성인식을 치르는데, 악어와 닮고자 예리한 대나무 칼로 온몸의 피부를 찢어 흉터를 낸다. 이런 의식이 치러지는 성인식은 과다한 출혈로 인하여 죽는 사람도 생기기 때문에 정부에서는 금하고 있지만 성인식은 여전히 성행하고 있다.

잔뜩 긴장하고 탐부란하우스로 들어갔다. 모닥불이 두 군데 피워져 있고 모두 일곱 명의 청년들이 두 집단으로 무리지어 앉아 있었다. 오늘 성인식을 치른 청년은 온몸이 피투성이였는데 검은 피부에 피가 말라붙어 까맣게 변해 있었다. 이틀 전에 성인식을 치른 젊은 이들은 온몸에 진흙을 바르고 있어 오늘 아침에 성인식을 치른 젊은 이들과는 쉽게 구분할 수 있었다.

숯불처럼 서서히 타 들어가는 코코넛 나무장작에서 파란 불꽃이 번득였다. 그 은은한 열기로 피로 물든 몸을 말리고 있었다. 불로 말리고 진흙을 온몸에 발라 또 말리면 피부가 덧나는 것을 막을 수 있다고 했다. 분위기가 너무도 엄숙하여 사진을 찍는다고 기웃거리는 것이 너무 미안했다.

살을 찢는 엄청난 육체의 고통을 감수하며 신과 같은 존재인 악어처럼 용감해질 수 있다는 굳은 신념을 온몸에 독특한 문신을 남김으로써 진정한 악어부족이 되었다는 자부심을 얻는다. 부족원으로서의 유대감은 그들에게 곧 생존이나 마찬가지다. 원시 파푸아뉴기니 악어부족은 그렇게 생존해 간다.

성인식을 볼 수 있게 해준 마을 원로에게 보답으로 무엇을 해줄까 하고 물었다. 그는 성인식을 치른 7명의 청년에게 닭을 1마리씩 사주면 어떠냐고 했다. 나는 흔쾌히 받아들이고 닭 7마리를 살 수 있도록 70키나(2만 5천 원 정도)를 원로에게 주고 그곳을 나왔다.

후에 성인식을 통과한 사람에게 어떻게 살을 찢는 고통을 참을 수 있느냐고 물어본 적이 있다. 성인식 며칠 전부터 몸을 단련시키고 차가운 물과 뜨거운 물에 번갈아 들어가면서 피부를 강하게 만든다고 했다. 또 성인식 당일에는 나뭇잎으로 온몸을 문지르고 나면 잠시 고통을 느낄 수 없다고 했다. 그 나뭇잎을 가져오게 해서 살펴보니 우리나라의 옻나무 잎사귀와 비슷했다. 잎사귀를 피부에 문지르면 금세 피부가 벌겋게 변하고 부으며 화끈거린다고 했다. 아마도 피부를 잠시 마취시키는 것 같았다.

전에 KBS 촬영팀과 함께 와서 악어사냥을 촬영한 적이 있었다. 악어는 낮에는 더위를 피해 물속에 들어가 꼼짝 안 하기 때문에 악어사냥은 악어가 먹이를 잡으러 늪지에서 활동을 하는 밤에만 했다.

날이 저물자 온몸에 악어문신을 한 용감한 악어사냥꾼들이 탐부란하우스에 모였다. 부족의 원로들이 악어사냥꾼들의 얼굴에 전통적인 색을 칠해주고 전통 복장으로 갈아 입혀준 후에는 노래하듯 악어 소리를 내며 춤을 추었다. 악어사냥 전에는 꼭 악어 신을 위한 성스러운 제사의식을 해야 했다. 의식이 끝나면 통나무 카누에 악어사냥꾼들이 한 명씩 타고 앞쪽에 창을 들고 선다. 그러면 카누는 악어가 많이 살고 있는 늪지대를 향해 출발했다. 밤을 새워 악어 몇 마리를 잡아 돌아오면 이른 아침 온 마을 사람들은 대대적으로 그들을 환영했다. 마을의 젊은 청년들은 그들을 무척이나 부러워했다. 악어부족의 악어사냥은 일종의 종교의식이다.

그렇기 때문에 성인식을 치르고 얻은 흉터는 그런 종교의식에 참가할 수 있는 뜻깊은 표식이었다. 물론 모든 남자들의 몸에 흉터가 있는 것은 아니다. 그중에는 성인식을 치르지 않은 사람도 있는데 대부분 병이 들었거나 선천적으로 약한 사람들이다. 부족 행사나 관광객이 사진을 찍을 때면 몸이 깨끗한 남자들은 항상 뒷전에서 어슬렁거릴 뿐이다. 반면에 성인식을 치러 온몸에 흉터가 있는 남자들은 자랑스럽게 웃옷을 벗고 신체를 과시한다. 그로 인해 얻어진 소득을

21세기의 원시 문명

분배하는 데도 큰 차이가 있다. 그들에게 성인식은 인생의 엄청난 전환점인 것이다.

  성인식을 구경했던 팔람베 마을을 비롯하여 고로고, 얀잔, 강가나문 마을에서 6일간 숙식하며 모기에 엄청 물렸지만, 평소 원하던 탈들을 많이 구할 수 있었다. 살을 찢는 엄청난 육체적 고통을 이겨내고 용감하게 성인식을 치러 진정한 악어부족의 용사요 당당한 악어부족원이 된 7명의 악어부족 젊은이들에게 찬사와 격려를 보내며 쎄픽 강의 영원한 주인 악어부족의 마을을 떠나왔다.

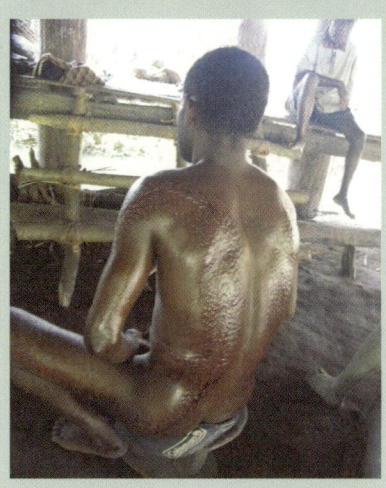 

성인식을 치르고 몸의 상처를 말리고 있는 청년들. 악어부족의 청년들은 악어와 닮고자 예리한 대나무 칼로 온몸의 피부를 찢어 흉터를 내는 성인식을 통과해야 어엿한 부족원이 된다. 오른쪽 하단은 탐부란하우스의 모습이다.

트로비안드 섬의 성풍속

파푸아뉴기니 동남쪽에 위치한 밀린베이 지방은 수백 개의 아름다운 에메랄드 빛 산호섬들로 이루어져 있는데, 그중에는 현지어로는 키리위나 섬이라 부르는 트로비안드 섬이 있다.

얌을 주식이자 종교적 권위의 상징으로 삼고 있는 트로비안드 섬에는 얌과 관련된 특이한 풍습이 많다. 매년 5월경 얌 축제가 열리는데 얌의 품질과 크기를 평가해 얌 재배에 탁월한 사람을 뽑는다. 이렇게 뽑힌 사람은 섬에서 사회적 권위와 지위를 인정받는다. 또 트로비안드 섬의 남자들은 부인들에게 얌 창고를 만들어주고 이 창고에 얌을 가득 채워주어야 한다.

그러나 뭐니 뭐니 해도 이 트로비안드 섬의 특징은 특이한 성풍속이다.

파푸아뉴기니 다른 지역의 문화는 대개 멜라네시아계인데 반해, 이곳 문화는 폴리네시아계에 속한다. 그래서 트로비안드 섬은 모계사회다. 성관념이 아주 개방적이어서 트로비안드 섬은 '사랑의 섬'이라고도 불린다.

이곳 여자들은 사춘기가 되면 마음대로 많은 남성들과 육체관계를 맺을 수 있고 결혼을 한 뒤에도 얌 축제기간에는 원하는 남성과 자유로이 잘 수 있다. 이런 개방적인 성문화는 종족 보존을 위한 모계사회의 특징이라 할 수 있다.

이들에게 아이는 성관계를 통해 만들어지는 존재가 아니다. 이들은 아이의 정령이 하늘을 떠돌다가 여자의 생리 때 생리혈과 아이의 정령이 섞여 임신이 된다고 믿고 있다. 이렇게 들어선 아이는 남성의 징자를 영양분 삼아 자란다고 여긴다. 그러므로 반드시 잠자리를 한 남자와만 하지 않아도 문제될 것이 전혀 없다. 아이가 잘 자라도록 하기 위해 많은 남자들과 잠자리를 하는 것이기 때문이다.

섬의 전통춤인 타피욕 춤은 무척이나 '야하다.' 여자들은 다른 남태평양 지역에서와 마찬가지로 엉덩이만을 흔든다. 남자들은 두 손을 엉덩이 뒤에 대고 엉덩이를 앞뒤로 정열적이고 선정적으로 흔들며 춤을 추는데 이는 섹스의 동작을 묘사한 것이다.

폴란드 출신 인류학자인 말리노브스키(Bronislaw Malinowski)가 1930년경 저술한 책 『미개인의 성생활』에 의해 처음 알려지기 시작한 이 특이한 성문화는 전 세계에서 유일하게 지금까지 지속되고 있는 모계사회의 풍속이다.

그러나 트로비안드 섬의 부족장은 남자이다. 부족장은 현 부족장의 여자 형제의 아들로 승계된다. 이들에게 아버지는 없다. 생물학적으로도 사회적으로도 남자에게는 아버지로서의 의무도 권위도 없다. 반드시 경제활동에 참여하지 않아도 된다. 다만 성적으로 여자에게 봉사하고 외삼촌에 의해 키워지는 아이들을 옆에서 지켜볼 뿐이다.

아이들은 어머니의 혈통을 따르지만 외삼촌에 의해 키워진다. 사회적 지위나 재산은 딸 쪽으로 승계되며 모든 경제활동은 어머니 쪽 그러니까 외가 쪽에서 한다. 그러므로 모든 남자는 아버지가 아닌 외삼촌일 뿐이다.

모계사회인 트로비안드 섬에서 성행위, 임신, 생산, 양육 등 모든 것은 여자만의 권리이며 특권이다. 모성애는 그 본능적 특권에 대한 의무이다. 가부장적이고 유교적인 사고방식을 가지고 있는 우리의 통속적 개념과는 완전 반대다.

남자 관광객들이 호기심으로 왔다가 여자들에게 강간당하는 사례가 빈번히 발생한다는 트로비안드 섬을 촬영하고자 일주일간 다녀온 적이 있다. 소형 비행기로 새벽 6시 포트모르스비를 출발할 예정이었다. 하지만 비행기는 3시간 이상 연착한데다 시골 완행버스

처럼 두 군데 다른 섬을 경유하여 오후 1시 30분쯤에 트로비안드 섬에 도착할 수 있었다.

일정은 짧고 촬영할 것은 많아 도착하자마자 바로 촬영을 시작했다. 촬영을 시작하니 많은 구경꾼들이 모여들었다. 오랜만에 보는 외국인들인데다가 촬영팀이었기 때문이다. 구경꾼 중에는 그곳 경찰들 몇 명도 와서 우리를 구경하고 있었는데, 여자 경찰도 한 명 있었다.

30대 후반의 미모의 여성이었는데, 처음에는 우리가 촬영하는 모습을 멀리 떨어져서 지켜보는가 싶더니 점점 가까이 다가와서 아주 유심히 보는 것이었다. 나 또한 호기심에 계속 지켜보고 있었기에 몇 번이나 서로 눈이 마주쳐 민망한 순간도 있었다.

그런데 촬영을 마치고 잠시 쉬려는데 그 여자 경찰이 나에게 오라고 손짓을 했다. 조금 머뭇거리다 다가갔더니 "어디서 왔느냐" "무엇을 촬영하느냐" "며칠이나 있느냐" "어디서 자느냐" 등 여러 가지를 물었다. 어디서 자느냐는 질문이 미묘하게 마음에 걸렸다.

첫날부터 붕 뜬 기분으로 촬영을 해서 그런지 피곤하여 일찍 촬영을 마치고 숙소로 돌아와 쉬다가 저녁밥을 먹고 있는데 그 여자 경찰이 찾아왔다. 그녀는 나에게 다가와 아주 친한 척하며 반갑게 인사를 하더니 맥주 한잔 사달라고 했다.

맥주를 마시며 둘이서 이런저런 이야기를 나누고 있자니 촬영팀

21세기의 원시 문명

사람들이 의미 있는 미소를 지으며 "좋은 시간 되십시오" 하는 인사를 남기고 방으로 들어갔다. 숙소의 지배인은 트로비안드 최고의 미인으로부터 선택 받았으니 얼마나 좋으냐며 능청을 떨었다.

내가 봐도 그 여자 경찰은 낮에 봤을 때보다 예뻤다. 사복을 입어서 그런지, 밤이라 조명을 받아서 그런지, 백인 피를 받은 혼혈이라서 그런지, 조금 친해져서 그런지, 단둘이 있어서 그런지, 아무튼 더욱 예뻐 보였다.

그녀는 독일인 아버지와 현지인 어머니 사이에서 태어났다. 고등학교를 졸업하자마자 경찰이 됐고 20년 가까이 경찰 생활을 해서 지금은 간부급에 속한다. 아이는 5명을 두었는데 결혼은 안 했다. 물론 아이들의 아버지는 각기 다르다. 그런 그녀가 나 보고 멋있다며 계속 미소를 보냈다.

머리가 하얗고 배불뚝이인 나는 내가 봐도 하나도 멋있지 않았다. 하지만 이곳에서는 뚱뚱한 체형은 부의 상징이다. 경제적으로 풍부하지 못해 잘 먹기 힘든 환경도 그렇지만, 적도의 무더위에 뚱뚱해지는 것은 결코 쉬운 일이 아니기 때문이다.

열 여자 마다할 남자 없다지만 나는 절대 그럴 수는 없었다. 이곳은 내가 먹고 사는 터전이었기 때문이다. 나는 거의 현지인이나 다름없었다.

그래서 나는 유창한 현지어로 내 얘기를 해주었다. 십수년간 마

운트하겐에서 아내와 함께 생활을 일구어온 이야기를 말이다. 그녀는 내 이야기를 듣고 많이 놀라더니 나를 '담부'라고 부르면서 같은 부족인 듯이 대해주었다. '담부'란 사돈을 뜻하는 말이다. 아마 내 아내가 현지인 여자라고 생각한 것 같았다. 그래서 나를 잘못 건드리면 부족전쟁이 일어날 수도 있겠다고 판단했던 것 같았다. 나약한 섬 지방 폴리네시아 여자들에게 힘세고 고릴라 같은 고산지방 멜라네시아 여자들은 두려운 존재다.

얌 축제기간이 아니었던 것도 다행이었다. 잘못해서 아이가 생겼다면 집에도 못 가고 트로비안드 섬에서 1년 내내 얌 농사를 지어 여자 집 창고에 가득 채워주어야 했을지도 모를 일이었다.

그러나 그것이 꼭 위기였다고만은 할 수 없었다. 그 일을 계기로 우리는 경찰로부디 융숭한 호위를 받아가며 별 탈 없이 촬영을 잘 마칠 수 있었기 때문이다. 트리비안드 모계사회의 '여성 파워'를 실감할 수 있었던 경험이었다.

지진해일 참사 촬영기

　토요일 어김없이 골프장을 다녀와 오후 늦게 집에 돌아와보니 전화가 계속 울려대고 있었다. 친하게 지내던 KBS PD가 숨이 넘어갈 듯 다급하게 한 전화였다. 금요일 저녁에 대규모 해지지진이 일어났는데 그 지진해일이 파푸아뉴기니 해변 마을들을 덮쳐 수천 명이 몰살당한 소식이 파푸아뉴기니 현지에서 CNN의 생방송으로 전해지고 있다는 것이다.
　현지에 살고 있는 나도 모르는 기막힌 일이었다. 때마침 다른 프로그램 촬영차 호주에 머물고 있던 촬영팀이 있어 다음날 아침 급히 파푸아뉴기니로 들어가니 도와달라고 했다. 한국 대사관, 파푸아뉴기니 국가비상재난대책위원회, 국영방송 엠(EM) TV 뉴스 리포터, 수상실 홍보비서 등에게 전화해 여러 가지 정보를 자세히 얻은 다

음, 촬영 협조도 부탁해 두었다.

전화로 알게 된 상황은 이랬다. 1998년 7월 17일 금요일 저녁 7시쯤 파푸아뉴기니 북부 해안지방에 있는 아이타페 바로 앞 5km 지점 바닷속에서 강도 7의 강진이 발생했다. 이 지진은 호주 시드니에 있는 지진탐사소의 지진계에 감지되었고, 이 정보를 접한 CNN 방송 시드니 지부에서는 그날 아침 바로 아이타페로 촬영팀을 급파했다. 예상대로 현장은 엄청났다. CNN은 바로 현장을 취재하여 위성 안테나를 통해 그날 오후 방송을 내보냈다고 한다.

다음날인 일요일 아침 첫 비행기로 수도 포트모르스비에 가서 촬영팀이 오기 전에 현장으로 갈 수 있는 비행기부터 수배하기로 했다. 아이타페로 가기 위해선 웨웩까지 비행기로 가서 자동차로 2시간 반 정도 가야 하므로 우선 웨웩행 비행기를 구하고자 했으나 자리가 없었다. 앞으로 일주일 정도는 한 자리도 없다고 했다. 웨웩으로 가야 하는 경찰, 군인, 공무원, 국가비상재난대책위원회 직원, 응급의료진, 자원봉사자, 고향이 그쪽인 사람들이 몰려들어 장사진을 이뤘기 때문에 항공사는 정신이 없었다.

경비행기나 헬리콥터 등을 알아보았으나 국가비상재난대책위원회에서 모든 비행기를 징발했기에 빌리는 것은 불가능했다. 현장으로 갈 방법이 다 막힌 것 같았다. 평소 친하게 지내던 수상실 홍보비서가 떠올라 전화를 했다. 호주인인 그는 호주 라디오 방송국에서

PD로 근무했던 아주 친절한 사람이었다. 사정을 들은 그는 저녁 7시에 수상 만찬 겸 특별 담화 발표가 있을 예정이니 그 자리에서 국가비상재난대책위원회 감독관인 경찰청장에게 부탁해 보라고 하며, KBS 취재진으로 3명의 자리를 예약해 놓겠다고 했다.

　오후에 KBS 촬영팀 카메라 감독과 구수환 PD가 도착하였다. KBS 간판 시사프로그램인 《추적 60분》의 사회자인 구수환 PD는 당시 전쟁 전문 PD로 유명했다. 그에게 모든 상황을 설명하고 국회의사당 만찬회장으로 갔다.

　만찬장은 각국 대사들과 많은 요인들이 참석하여 붐볐다. 홍보비서는 너무 바빠 우리와 잠시라도 얘기할 시간이 없는 것 같았고 경찰청장도 많은 사람들과 담소하느라 바쁜 것 같았다. 그때 우리의 사정을 잘 알고 있던 한국 대사가 경찰청장을 일부러 끌고 오다시피 하여 우리를 소개하고 협조를 부탁했다. 경찰청장은 흔쾌히 승낙하고 다음날 아침 8시에 국가비상재난대책위원회 사무실로 나오라고 했다.

　국가비상재난대책위원회는 수상이 위원장이지만 실질적으로는 감독관인 경찰청장이 모든 걸 관할하고 있었다. 다음날 경찰청장은 우리에게 담당자인 고위급 경찰을 소개해 주었고, 담당 경찰은 오전 10시쯤에 비상구급약품을 수송하기 위해 웨왁에 갈 호주 공군기와 웨왁에서 아이타페까지 갈 수 있는 차량도 현지 경찰서장에게 부탁

해 주었다.

웨웩까지는 국가비상재난대책위원회에서 수배해 준 공군기 편으로 무사히 올수 있었지만 웨웩에서의 차량 수배는 쉽지 않았다. 이미 미국 CNN을 비롯해서 영국 BBC, 호주 ABC, 일본 NHK, TBS 등 어제와 오늘 외국 방송사들이 밀려 들어와 취재 요청이 한창이었기 때문이었다.

아무리 봐도 우리에게 줄 차량은 없는 것 같아 경찰관 한 명과 함께 동네로 들어가 개인 차 한 대를 돈 주고 빌려왔다. 차량을 구하자마자 일단 웨웩 시내에 있는 병원부터 촬영하기로 했다. 병원은 들어가는 입구부터 환자들로 가득 차 있었다.

전쟁터가 따로 없었다. 손과 발이 잘려져 나가고 나무조각이 몸에 박혀 온몸이 피범벅이 된 수백 명의 환자들은 두려움과 고통에 떨고 있었다. 살아난 사람들은 죽은 가족들의 시체를 확인하고 다친 환자들을 확인하느라 북새통이었다.

병원 촬영을 마치고 나서 늦은 시간이었지만 바로 아이타페로 향했다. 도로가 많이 망가져 속력을 내지 못해 생각보다 시간이 많이 걸렸다. 아이타페가 가까워질수록 바닷물이 밀려들어 왔던 흔적이 나타나기 시작했다. 해변 도로의 일부 정글이 벌써 소금기에 누렇게 변색되고 있었다. 아이타페에 도착했을 때 날은 이미 어두워져 있었다. 학교가 있던 자리에는 줄지어 텐트가 들어서 있었고 피난민, 자

21세기의 원시 문명

원봉사자, 환자, 의사 등 많은 사람들이 부산하게 움직이고 있었다.

국가비상재난대책위원회에서 피난민, 경찰, 의료진, 자원봉사자, 방송팀 들에게 비상식량을 나누어주었다. 1인당 종이팩에 든 음료수 한 개와 비스킷 한 봉지가 전부였다. 감사한 마음으로 저녁 요기를 하고 잠자리를 마련하려고 이리저리 알아보았으나 여의치 않았다. 운동장에 쳐놓은 텐트라도 하나 얻어 잠을 자야만 할 형편이었다.

중국인이 운영하는 롯지라는 작은 호텔이 있다고 해서 가보았으나, 역시 이미 와 있던 각 나라 방송 팀들이 다 차지해서 빈방은 없었다. 그런데 중국인 주인과 이런저런 이야기를 나누다보니 같은 동양인이라서 그랬는지 자기는 직원숙소에서 자면 된다고 하면서 자기 방을 비워줄 테니 자라고 했다. 촬영을 위해서는 잠이라도 편히 자야 될 것 같았는데, 여긴 고맙지기 않았다.

다음날 새벽부터 아이타페 이곳저곳의 피해 상황을 촬영했다. 저녁을 먹던 시각에 10m도 넘는 거대한 파도가 갑자기 몰려와 집과 함께 통째로 몇십 미터를 날아갔다고 하니 그야말로 청천벽력이었을 게다.

아이타페를 중심으로 50km 내 지역의 해변가 마을이 거의 동시에 같은 변을 당했다. 그야말로 떼죽음을 당했던 것이다. 몇 명이 죽었는지 알 수도 없었다. 인구 파악이 제대로 되지 않았기에 그저 어림잡아 3천 명 정도가 죽었을 거라 예상만 할 뿐이었다.

라디오 뉴스는 말로 상황을 설명하며 전달할 수 있으나 TV는 달랐다. 수천 명이 죽었다면 그 시체들을 보여주어야 했다. 아이타페에서 그리 멀지 않은 곳에는 시사노랑군이라는 해변가 늪지대가 있다. 이 늪지대가 해일로 인해 밀려든 바닷물과 그 뒤에 밀려온 화산재로 둑이 생겨 거대한 호수로 변했는데, 거기에는 시체들이 수없이 떠다니고 있다고 했다. 반드시 촬영을 해야 했다.

그러나 문제는 시사노랑군에 접근하는 것이 문제였다. 도로도 없었고, 화산재 둑이 막고 있어 모터보트를 타고 바다로 통해 들어갈 수도 없었다. 설상가상으로 국가비상재난대책위원회는 시체 부패로 인한 오염으로 전염병 발생 우려가 높기 때문에 위험지역으로 선포해 접근을 금하고 있었다.

남은 유일한 방법은 헬기를 이용하여 공중으로 가는 것뿐이었다. 그러나 헬기를 구하는 것은 불가능했다. 몇 대 되지 않는 헬기는 모두 국가비상재난대책위원회에서 통제하고 있었는데, 비상약품과 환자들 그리고 식량 등을 실어 나르느라 시간이 모자랄 지경이었다.

미국, 호주 등 다른 나라 방송 팀들은 이곳에 오기 전에 미리 다른 먼 지역에 있던 헬기를 포트모르스비에서 빌려왔고 뒤늦게 사정을 안 일본과 독일 방송사들은 본국에 연락하여 역시 다른 지방에 있는 헬기를 비싼 값에 빌려와 사용하고 있었다.

우리는 위성전화도 없으니 본국에 연락하여 어찌 해볼 수도 없었

21세기의 원시 문명

다. 답답하기만 하여 국가비상재난대책위원회 사무실 쪽에서 어슬렁거렸다. 그런데 한 헬기 조종사가 사무실로 들어오는데 자세히 보니 하겐의 이웃사촌 라파엘이었다. 나는 그를 무작정 한쪽 구석으로 데리고 가서 사정을 이야기했다. 그러나 그도 어쩔 수 없다고 했다. 모든 운행은 다 국가비상재난대책위원회에서 감독하고 있고 이미 일정이 다 잡혀 있어서 도저히 안 된다는 것이었다. 30분만이라도 좋다고 사정해 보았으나 소용이 없었다.

사정이 통하지 않으니 협박을 할 수밖에 없었다. 너와 나는 같은 동네 살고 있는데 나중에 하겐으로 돌아가서 날 볼 수 있겠느냐, 우리도 외신기자인데 어찌 이럴 수가 있느냐, 우리나라 국민들이 어찌 생각하겠느냐 등 있는 말 없는 말 다 갖다 붙이며 회유와 협박을 퍼부었다. 결국 그는 할 수 없이 30분만이라고 하며 우리를 태워주었다. 무전으로 급한 상황이 발생하여 KBS와 함께 시사노랑군에 다녀온다고 보고한 후 우린 출발할 수 있었다.

시사노랑군은 너무도 처참했다. 온 천지에 시체뿐이었다. 생존한 개들이 시체를 뜯어 먹고 있었고, 경찰들은 그 개들을 사살하고 있었다. 촬영을 잘하기 위해서는 저공비행을 해야 했다. 그러나 헬리콥터는 공기의 압력으로 부상하기에 물기가 많은 호수 위에서의 저공비행은 추락의 위험성이 매우 높았다. 하지만 위험을 무릅쓰고 저공비행하며 이곳저곳 자세히 촬영했다.

약속한 30분은 이미 지나가버렸지만 시사노랑군 뒤쪽에 있는 피난지를 안 가볼 수 없었다. 피난지에 잠시 착륙하여 촬영도 하고 피난민들 인터뷰를 하느라고 또 많은 시간이 흘렀다. 그곳 말고 또 다른 피난지도 촬영하느라 결국 1시간 30분 이상을 소모하였다. 라파엘에게 너무 미안하였다. 하지만 그는 화내지 않고 촬영을 잘할 수 있도록 배려해 주었다.

밤에는 낮에 촬영한 필름을 재생해 가면서 인터뷰 장면은 한국말로 번역하고 장면마다 설명을 첨부하느라고 밤잠을 설쳐야 했다. 그렇게 우여곡절을 겪으며 3일간의 촬영을 끝마쳤다. 작업한 필름은 호주 공군기를 통해 포트모르스비를 거쳐 호주 시드니로 보냈고 시드니에서 다시 한국으로 보내져 잘 방송될 수 있었다.

미국에서는 민간인 자원봉사단이 많이 왔다. 울프수색대는 생존자를 찾는 일을 하는 자원봉사단체인데 특수견 수십 마리를 데리고 와서 생존자 수색을 돕고 있었다. 호주 육군 공병대는 시사노랑군 입구를 폭파해 물을 빼낼 수 있게 하였다. 많은 사람들의 도움으로 처참한 상처들이 하나 둘 치유되고 있었다.

가까운 호주는 자원개발 등 자국의 이익에 많은 기여를 하는 곳이기에 수십억 달러를 무상 원조하고 여러 방면에서 돕고 있었다. 일본에서도 수억 달러를 무상 원조한다고 생색을 냈지만 대한민국은 전혀 관심도 보이질 않았다. 그러다가 한참 후에 그저 외교적인

21세기의 원시 문명

차원에서 성의만을 표시하여 달랑 2만 달러를 성금으로 기증하였다. 머나먼 남태평양의 섬나라에서 일어난 일이기에 관심도 없고 크게 지원할 이유도 없겠지만 그래도 대한민국 하면 경제대국은 아니더라도 선진국에 진입하고자 하는 잘사는 나라라고 알려져 있고, 일본과는 경쟁국이라 비교가 되기도 하는데 한 개인의 성금 수준인 단돈 2만 달러는 창피했다.

지진해일로 집을 잃은 원주민들. 저녁을 먹던 시각에 10m도 넘는 거대한 파도가 갑자기 몰려와 집과 함께 통째로 몇십 미터를 날아갔다고 하니 그야말로 청천벽력이었을 게다.

10년 내전이 끝나던 날

　1998년 4월 내전을 종식하는 역사적인 행사인 평화협정식 취재를 위해서 KBS의 PD, 카메라맨과 나는 내전이 시작된 후 민간인으로서는 최초로, 한국인으로서도 최초로 태평양 지역 국가 기자들과 함께 호주 공군기를 타고 보건빌로 향했다. 쌍발 프로펠러 수송용 비행기는 20여 명의 외신기자단을 태우고 3시간을 조금 넘게 날아 보건빌의 주도 아라와에 도착하였다.

　세계 최대의 구리 광산이 있는 보건빌 섬은 1989년 파푸아뉴기니로부터 분리 독립을 요구하면서 내전에 들어갔다. 지구상에서 가장 검은 피부를 가진 보건빌 원주민들은 3만여 년 전부터 그곳에 살기 시작했다고 전해진다.

　보건빌이란 지명은 1768년 이 섬을 탐험했던 프랑스 탐험가의 이

름을 따서 붙여진 이름이다. 원래 보건빌 섬은 지리적으로나 인종적으로 솔로몬제도와 연결되어 있어 '북솔로몬'(North Solomon's)이라 불리기도 했지만, 1898년 독일이 자기네 통치하에 있던 뉴기니 지역으로 편입시켰다. 보건빌이 지금 파푸아뉴기니의 일부가 된 것은 보건빌 사람들의 의사와는 상관없이 이루어진 강대국들의 횡포였다.

1964년 대규모 노천 구리광산이 보건빌의 팡구나 지역에서 발견되어 호주 회사에 의해 대단위로 개발되기 시작하면서 타지 사람들 수천 명이나 몰려들었다. 1973년 광산이 실제로 채굴되기 시작하였으나 보건빌 지역 주민들에게는 아무런 이득이 없었다.

지역 주민들은 광산에서 나오는 이익 배분에 자신들이 소외된 것에 강한 항의를 했다. 구리광석을 가득 실은 배는 파푸아뉴기니의 어떤 항구도 거치지 않고 바로 목적지인 호주로 실려갔다. 직업이나 교육 등에서 혜택을 기대했던 지역 주민들에게 돌아간 건 실망뿐이었다.

대부분의 일자리는 외국인이나 다른 지방에서 온 사람들로 채워졌고 기반 시설에 대한 개발도 광산 주위에만 이루어졌다. 학교도 대부분 외국인 자녀를 위해서만 세워져 보건빌 사람들은 학비를 감당할 수 없었다. 심한 반감과 좌절로 성난 지역민들은 결국 광산과 부속시설을 습격했다.

21세기의 원시 문명

특히 팡구나 지역 주민들의 분노는 그 정도가 남달랐다. 주민들은 자부 강에 의지하여 마실 물과 음식을 얻어왔다. 그런데 고기들이 대량으로 죽어가기 시작했다. 그 원인은 광산에서 흘러나오는 폐수에 있었다. 주민들은 이제 생존마저 위협받게 된 것이다.

그러나 1988년 광산 측은 자부 강이 오염되었다는 증거가 없다고 발표했고 팡구나지주협회 회장이면서 한때 광산의 측량기사로 일했던 오나(Francis Ona)는 '백인 마피아'가 지역 주민들을 바보로 여기고 있다고 비난하고 바로 정글로 들어간 뒤 나오지 않았다. 그것이 보건빌혁명군의 시작이었다.

며칠 지나지 않아 정부와 광산의 재산에 대한 파괴와 방화가 시작되었다. 파푸아뉴기니 군에서 중위로 복무했고 파괴 전문가이며 당시 프란시스 오나의 심복이었던 카우오나(Samuels Kauona)가 주도한 것이었다. 카우오나는 광산으로 향하는 철탑들을 파괴했으며 광산 주위의 건물들과 설비들을 습격했다.

1989년 파푸아뉴기니 정부는 보건빌혁명군을 진압하기 위해 경찰과 정부군을 파견하였으나 지리적 이점을 활용한 보건빌혁명군의 정글 게릴라전에 의해 전멸당하다시피 하였다. 광산은 결국 1989년 5월 15일 계속되는 보건빌혁명군의 공격에 견디지 못한 근로자들이 스스로 떠나면서 문을 닫았다.

파푸아뉴기니 정부는 보건빌혁명군에 대한 무기, 연료, 의약품의

보급을 차단하기 위해서 이 지역의 공중과 해상을 봉쇄했다. 보건빌은 1994년 9월~1996년 3월까지 18개월 동안의 휴전기간을 제외하고는 10년간 교전상태가 계속됐다.

1990년에는 악명 높은 발렌타인데이 대학살의 유혈사태가 있었고, 1992년에는 바이스 윙티(Paias Wingti) 총리의 명령하에 대대적인 혁명군 소탕작전이 실시되었으나 상황은 더욱 극한으로 치달았다.

이 전쟁에서 양측 모두 가공할 야만성과 참혹성을 적나라하게 보여주었다. 정부군에 의해 저질러진 수많은 야만적 행위와 고문에 대한 원성이 자자했다. 보건빌혁명군은 그들의 주장에 동조하지 않거나 반대하는 사람들은 경찰, 정치가, 정부협상팀을 가리지 않고 암살을 시도했다. 1996년 10월 12일 당시 보건빌 주총리였던 무리웅(Theodore Muriung)에 대한 암살 사건이 그 대표적인 예다. 정부와 보건빌혁명군 간의 협상가이자 애국자였던 그는 괴한들에 의해 집에서 살해당했다.

내란을 자체적으로 해결을 할 수 없었던 첸(Julius Chen) 수상은 내전을 종식하고 보건빌 섬을 강제 점령하기 위해 1997년 3천5백만 달러를 들여 영국 용병회사인 샌드라인 사에 의뢰하여 이 문제를 해결하려 했지만 파푸아뉴기니 정부군 참모총장인 신기록(Jerry Singirok)이 반대하자 격렬한 논쟁이 일어났다. 이로 인해 정부는 며칠간 혼란에 빠지고 파푸아뉴기니는 무정부 상태가 되기도 했다.

결국 이것이 촉매제가 되어 정부와 보건빌혁명군 간에 휴전협의가 완료되고 그 결과 평화사절단이 이 지역에 들어오게 된 것이다.

10년 동안 약 2만여 명의 생명을 빼앗고 4만여 명을 피난민으로 만든 보건빌 내전이 휴전하면서 후속 조치로 남태평양 6개국 평화사절단이 창설되었다. 평화사절단에 참여한 호주, 뉴질랜드, 피지, 바누아투 등지의 젊은이 3백여 명이 섬의 깊은 오지에서 평화와 화해를 정착시키기 위해 뉴질랜드군의 지휘하에 활동하였다.

보건빌 주요 정당 지도자들이 모여 협상을 끝냈다. 대부분의 섬 사람들은 이 협상이 독립에 기초가 되는 자치정부를 구성하는 첫 단계가 되길 원하며 결과에 동의하였고 드디어 내전을 종식하는 평화협정식을 맺게 된 것이다.

아라와에 도착한 우리 기자단들은 곧 군용 헬기로 바꿔 타고 평화협정식 장소인 키에테로 향했다. 키에테에는 역사적인 평화협정식을 보기 위해 모인 보건빌혁명군 사령관인 카우오나를 비롯해 보건빌 자치정당 지도자들, 수많은 주민들이 인산인해를 이루고 있었다. 그 뒤로 평화협정식의 주역인 파푸아뉴기니의 스케이트(Bill Skate) 수상을 비롯하여 호주, 뉴질랜드, 피지, 바누아투 4개국 외무부 장관들과 UN에서 파견된 대표가 도착하였다. 그러나 보건빌혁명군의 실질적 지도자인 프란시스 오나는 보이질 않았다.

평화협정식이 끝난 후 큰 돼지 몇 마리가 연단 앞으로 끌려 나왔

고 파푸아뉴기니 수상은 전통에 따라 그동안 수고한 뉴질랜드군, 보건빌혁명군, 남태평양 6개국 평화사절단에게 모두 돼지 한 마리씩을 선사하였다.

뉴질랜드군은 답례로 전통 원주민 마오리 부족의 구호를 외친 후 연단 앞에서 철수하자 호주군이 UN군이라는 완장을 차고 입장을 하였다. 평화협정이 체결된 후 보건빌에는 자치 정부가 들어설 때까지 뉴질랜드군이 주축이 되었던 남태평양 6개국 평화사절단은 철수하고 UN군의 이름으로 호주군이 상주하게 된 것이다.

보건빌혁명군의 실질적 지도자인 오나가 오지 않은 것이 이상하여 보건빌 주민들에게 물어보았다. 오나는 보건빌 단독 독립정부를 원했고 파푸아뉴기니하의 자치정부는 원하지 않기에 조인식에 나오지 않은 것이리 했다. 그렇지만 평화협정식은 찬성하기에 승인하였다고 했다. 모든 보건빌 주민들은 이구동성으로 오나만이 자기들의 지도자며 그들은 오나만을 따른다고 했다. 오나의 말처럼 그들은 보건빌만의 독립국가를 바란다고 했다.

10년 내전의 보건빌 전쟁은 1998년 4월 공식적으로 종식되었다. 그러나 세계 최대 규모의 구리 광산이었던 보건빌은 이미 돌이킬 수 없는 폐허로 변해버렸다. 주도인 아라와타운은 내전으로 인해 대부분 파괴되었다. 병원은 말할 것도 없고 가옥, 학교, 교회, 공항터미널, 발전소, 우체국, 슈퍼마켓, 주요 공업지대 등이 모두 전파되거나 반파된 채로 잔해만 흉물스럽게 남아 있을 뿐이다.

　동쪽 해안을 끼고 남쪽에 위치한 키에테도 예전엔 지방정부가 있었고 평화협정식이 거행된 장소였지만 도로나 낡은 표지판들만이 남아 있을 뿐 주요 빌딩들은 모두 파괴되어 을씨년스러운 모습을 하고 있었다. 2차 세계대전 당시 사용되었던 일본군 탱크와 전투기의 잔해만이 도시가 존재했다는 걸 알려주고 있을 뿐이다.

　보건빌은 인구가 약 20만에 이르지만 지금까지 한 번도 응집력 있는 지역사회를 구성하지 못한 채 외부의 침략에 숱한 세월을 고통과 핍박에 시달리며 오늘에 이르고 있다.

　평화협정식을 끝내고 돌아올 때는 갈 때와는 달리 외무부장관들이 탄 공군기에 동승하였다. 호주 외무부 장관인 도우너(Alexander Downer)가 한국의 KBS를 잘 안다며 반가워했다. 한국의 비빔밥은 정말 맛있다며 최고의 음식이라는 칭찬도 아끼지 않았다. 그리고 남태평양의 작은 나라의 문제를 취재해 주어서 고맙다고 했다. 내친김에 이 평화협정과 앞으로의 보건빌에 대해 물어보며 인터뷰를 시도했으나 전쟁이 끝나고 모든 것이 잘되어 기쁘고 보건빌도 잘될 것이라는 의례적인 대답만이 돌아왔다.

　사실 이 보건빌 내전은 파푸아뉴기니가 독립하기 이전인 호주 통치하에 있던 보건빌을 호주가 자국의 이익만을 위해 땅 주인인 원주민들을 무시하고 광산 개발을 하였기에 일어난 전쟁이었음을 호주

정부도 결코 부인하지는 못할 것이다. 호주인은 그에 대한 책임감과 죄의식 등을 어찌 생각하나 알고 싶어 질문을 해보았던 것인데 그에 대해서는 전혀 언급을 안 한다. 약소국의 비애를 느끼지 않을 수 없었다.

2001년 8월 모라우타(Mekere Morauta) 수상과 보건빌 대표들은 보건빌 자치정부 창설, 보건빌 정치적 입장에 대한 국민투표권 창설, 무기 철수 등을 내용으로 하는 보건빌 평화합의에 서명했고 보건빌은 자치정부가 되었다. 보건빌의 원주민들은 새로운 독립된 국가 보건빌 정부를 원했지만 현실적으로 많은 부분들이 불가능했기에 자치정부가 수립된 것이다. 그러나 더 중요한 것은 앞으로 보건빌이 누구에 의해 어떻게 될 것인가이다.

2006년 보건빌 원주민들의 영원한 지도자 프란시스 오나가 사망했다. 그가 그토록 원하던 자치정부 수립은 실현하였으나 모든 원주민들이 잘살게 하는 정책은 펴보지도 못하고 그저 반군의 지도자로서 조용히 사라졌다.

2008년 3월 〈경향신문〉 김주현 기자와 함께 보건빌을 다시 방문했다. 지구온난화로 해수면이 상승해 침수되고 있는 보건빌의 카타렛 섬을 취재하기 위해서였다. 본섬 부카에서 작은 모터보트로 광활한 남태평양을 3시간 반 정도나 달려 침수되어 가는 카타렛 섬을 중심으로 5개의 아주 작은 섬들을 취재했다.

주민들의 말에 의하면 15년 전쯤부터 처음 시작된 침수는 근래 2~3년 사이에 매우 빨라져 빠르면 아마도 5년 정도 후에 섬은 가라앉고 말 것이라고 한다. 산호로 이루어진 작은 섬들은 육지면의 높이가 1~2m밖에 되질 않는다. 그래서 얼마 전부터는 밀물 때면 바닷물이 섬 중심까지 들어와 농작물을 다 망쳐 이젠 더 이상 농사는 짓지 못한다고 한다.

1천6백여 명의 주민들이 물고기와 코코넛이 유일한 식량이고 빗물에 의존해 살고 있다. 본섬인 보건빌로의 이주 대책도 마련되어 있질 않아 앞날이 캄캄한 실정이다. 선진 산업국가들에 의해 발생한 지구온난화로 인한 피해를 자연과 더불어 살아가던 보건빌 주민들이 영문도 모른 채 당하고 있는 것이다.

보건빌은 구리광산의 개발로 그들의 생명수인 자부 강이 광산에서 흘러나오는 폐수에 오염되자 삶의 터전인 자연을 지키고자 내전이 발발하였고 10년간의 피나는 투쟁의 결과로 자치주로 독립했다.

그러나 이젠 그들도 모르는 새로운 자연파괴 현상으로 그들의 삶의 터전은 또다시 위협받고 있다. 보건빌의 현실이 10년 전 내전 때와 달라진 것이 없어 보여 안타까울 뿐이다.

도전지구탐험대

KBS 2TV의 《도전지구탐험대》는 10년 동안이나 시청자들에게 많은 사랑을 받았던 인기 프로그램이었다. 각기 다른 9백여 부족이 사는 파푸아뉴기니도 그동안 10번 정도 이 프로그램에 '출연'했다. 파푸아뉴기니 한인회 일을 오랫동안 했던 것이 인연이 되어 대사관의 소개로 방송 현지 코디 일을 하게 되었는데 《도전지구탐험대》와는 여러 번 함께했다. 《도전지구탐험대》 덕분에 한국에서 파푸아뉴기니가 널리 알려졌다. 그 전에는 파푸아뉴기니가 남태평양에 있는 나라인지 아프리카의 나라인지도 잘 모르는 사람이 태반이었다.

그러나 《도전지구탐험대》가 파푸아뉴기니라는 나라를 알리는 좋은 계기가 된 것은 사실이지만, 너무 원시적인 쪽으로만 소개했던 것은 지금도 안타깝게 생각하는 점이다. 제작진의 이야기를 들어보면 시청률을 의식하지 않을 수 없는데 산업화된 나라가 방영되면 아무리 내로라하는 축제라고 하며 예고편을 많이 내보내도 시청률이 10%를 못 넘는다고 한다.

그러나 원시 부족이 벗은 몸을 반 이상 나체로 드러내는 전통의 상을 입고 사는 모습을 예고편으로 보여주면 시청률은 20% 이상으로 뛰어오른단다. 꼭 벗은 몸을 본다기보다는 원시의 생활일수록 신기하고 재미있게 여기는 시청자가 많다는 것이다.

자기는 갈 수 없고 해볼 수 없지만 유명 연예인들이 직접 해보는 것을 보면 대리만족을 느낄 수 있고, 어렵게 사는 사람들을 보면서 자신은 그보다 행복하다고 느낄 수 있다는 점도 높은 시청률의 한 이유였다. 그래서 출연자들을 더 고생시키려고 일부러 어려운 상황을 연출하는 면도 있다고 했다.

그러나 거기에서 보여준 원주민들의 모습은 연출된 것이 많다. 파푸아뉴기니만 해도 전통 복장을 하고 사는 부족은 별로 없다. 모두 촬영을 위해서 전통 복장을 입어준 것뿐이다.

파푸아뉴기니는 촬영 여건이 좋지 않은 곳으로 소문 나 있었다. 경비가 엄청나게 많이 들기 때문이다. 항공료, 호텔 숙박비, 차량 대여비, 식비, 촬영비 등이 터무니없이 비싸서 다른 나라보다 제작비가 훨씬 많이 든다고 한다.

환경도 좋지 않았다. 아프리카는 어느 오지로 가도 가까운 곳에

호텔이 있어 낮에 촬영하느라 아무리 고생을 해도 저녁에는 호텔로 돌아와 편히 쉴 수가 있다. 그러나 파푸아뉴기니는 그렇지 못하다.

 정글 속 오지의 부족 마을에 가면 잘 곳은 오직 그 부족 마을의 여염집밖에는 없다. 햇빛이 너무 강렬해 썬크림, 해충퇴치제가 녹아 흐르는 땀과 섞여 온몸은 그야말로 끈적해진다. 그런데 저녁때는 물이 없어 씻지도 못하고 원주민들의 집은 벼룩, 개미, 모기 등 각종 벌레들의 천국이기 때문에 편히 잘 수도 없다.

 게다가 대개 가까운 곳에 문명의 시설이 거의 없어 만일의 사태에 대비할 수가 없는 상황이다. 그저 아무런 사고가 없기만을 바라는 수밖에 없는 것이다. 여기에 아무런 저지를 받지 않는 떼강도 습격의 위험이 늘 도사리고 있어 경계태세 속에서 촬영을 진행해야 한다. 이 모든 어려움들을 극복하고 촬영하였기에 파푸아뉴기니 편은 많은 인기를 끌었을 것이다.

 파푸아뉴기니에 촬영을 나오면 항상 두 부족을 촬영했기에 한 부족에 대한 촬영이 끝나면 파푸아뉴기니 사랑방인 우리 집에서 휴식을 취할 수 있었다. 요리가 취미인 집사람은 한국에서 맛볼 수 있는 거의 모든 음식을 만들어냈다. 배추김치, 깍두기, 파김치, 소갈비, 닭도리탕, 잡채, 묵, 전골, 각종 떡, 파전 같은 한국 음식은 물론 새우튀김, 만두, 탕수육에 카레찜밥, 월남쌈까지 못 만드는 것이 없었다.

 원시의 정글에서 며칠을 뒹구는 동안 이런 음식들을 먹을 수 있을 거라고는 상상도 못했기에 모두들 너무도 행복해했다. 맛있게 먹고 몸이 좀 편안해지면 촬영 뒷얘기로 시간 가는 줄을 몰랐다. 그렇게 짧은 휴식을 취하고 또 고난의 촬영길에 나섰다.

보통 2주일 정도 촬영을 하였다. 출연자들이 공통적으로 하는 말은 《도전지구탐험대》에서 얻어가는 것은 돈보다는 나도 출연했다는 자부심이 더 크다는 것이다. 그동안 많은 영화배우, 가수, 탤런트, 교수 등 출연자들과 PD, 카메라 감독, 작가 등 제작팀들과 함께했던 시간은 나에게도 정말 소중한 시간들이었다.

악어를 찍기 위해 위험을 무릅쓰고 발버둥치는 악어의 몸을 누르고 입을 꼭 잡고 있어야 했던 무서운 순간, 폭풍이 오는 줄도 모르고 바다 한가운데에서 작은 모터보트에 의지하여 수미터의 높은 파도에 휘날려 죽을 뻔했던 일은 질대 잊을 수 없을 것이다. 너무도 많은 고생을 함께했기에 정도 친분도 두터울 수밖에 없다. 지금도 연락을 주고받으며 한국에 가서는 꼭 만나는 사람들이다.

《도전지구탐험대》를 통해 소개된 파푸아뉴기니 부족들은 극히 일부분에 지나지 않는다. 이곳엔 살고 있는 부족이 워낙 많기 때문이다. 소개하고 싶었던 부족들이 더 있었으나 방영되지 못한 것, 부족들의 실제 생활상이 그대로 보여지지 못한 점은 아쉬움으로 남아 있다.

사실 원주민은 이렇게 산다 《도전지구탐험대》에 부족들의 실제 생활상이 그대로 보여지지 못한 점은 아쉬움으로 남아 있다.

3

남태평양의 '또라이'

또라이 정신

　1년여 동안 진행했던 남쪽 고원지방 멘디에서 타리를 연결하는 지방도로 공사를 마무리했다. 구간 하청을 맡았던지라 완공을 보진 못했지만 굽이쳐 돌아가는 험한 계곡에 작은 다리를 놓은 것은 큰 보람이었다.
　공사가 끝나고 바로 새로이 공사를 시작할 곳을 사전 답사한 후 사무실과 장비를 옮기느라 정신이 없었다. 동부 고원지방 고로카에서 오카파로 가는 지방도로 공사에 참여할 예정이었다. 훌리위그 부족과도 정들 만하니 이별이다.
　새로운 지역에 갈 때마다 두려움과 기대감이 마음을 두근거리게 한다. 그곳 부족들도 타리의 훌리위그 부족처럼 처음엔 외국인 회사를 배척할 것이다. 또 얼마나 애를 먹을 것일까. 그 고난이 눈에 선

하기에 두려움은 어쩔 수 없었다. 하지만 의지의 한국인임을 자부하기에 풀 죽진 않는다. 주어진 일에 최선을 다할 뿐이다.

어렸을 적부터 호기심과 모험심이 많고 겁이라곤 전혀 없었다. 남이 하기 싫은 일, 어려운 일이 있을 때면 뒤로 빠져 있는 것이 영 불편해 항상 나섰고, 일을 찾아 하는 성격이었다.

3년간 군에 있을 때도 그랬다. 자대 배치 받은 지 얼마 안된 일요일 아침은 자유시간이었다. 단 2명은 전 중대원이 사용하는 공동 재래식 화장실의 똥을 치워야 했다. 당연히 아무도 나서지 않았다. 그러나 어차피 누군가가 해야 될 일이었기에 나는 자원하여 하루 종일 똥을 펐다. 그 일 이후로 내 별명은 '또라이'가 되었다.

군대 일은 요령껏 하라는 말이 있다. '에프엠'(F.M., Field Method. 야전교범)대로 하면 '또라이' 취급을 받는다. 건축을 전공한 탓에 군 복무 후반기에는 공병학교에서 교육을 받고 공병대에서 폭파병으로 근무했다. 상병 때는 전 부대 병사에게 폭파 교육을 담당하는 바람에 폭탄을 많이 다루었는데 2차 세계대전과 6·25때 쓰던 것 등 노후한 것이 많아 불발탄이 끊이지 않았다. 폭파병인 나의 임무는 불발탄 처리였기에 불발된 폭탄을 많이 들고 다닐 수밖에 없었다. 오후 늦은 시간에는 병기창에 반납처리도 못하고 방치해 둘 수도 없고 해서 내 침상에 놓아두고 잠을 자기도 했기에 모든 병사들은 내 곁에 오는 것조차 두려워했다. 이 때문에 군 3년 내내 내 별명은 '또라이'였다.

　그러나 에프엠대로 열심히 한 덕분에 표창도 받았고 사단에서 단한 명 뽑는 명예로운 국군 모범사병으로 선발되어 산업시찰 기회와 특별휴가를 포상으로 받기도 했다. 그 또라이 정신은 식인종이 산다고 알려진 이곳에 올 때도 십분 발휘되었을 뿐 아니라 새로운 일에 도전할 때마다 나의 무기가 되었다.

　새로 공사를 시작하게 된 고로카는 '아사로 머드맨'으로 유명한 부족의 터전이다. 이들은 진흙으로 만든 큰 탈을 뒤집어쓰고 온몸에 진흙을 칠하여 무섭게 보이게 하여 부족전쟁시 적을 제압했다. 조금 어설프기에 순진하면서도 인간미가 느껴지는 부족이다.

　커피가 주생산품인 고로카는 커피 가공공장, 생산공장 등 커피 산업이 발달된 기피의 도시였다. 고산 지역에만도 수백여 부족들이 있지만, 타리의 훌리위그와 고로카의 아사로 머드맨 두 부족은 꽤 유명하여 관광객이 끊이질 않는 고산 지역을 대표하는 부족이다.

　십수 년의 경험으로 이미 반은 파푸아뉴기니인인데도 새로운 부족을 만나기 전에는 언제나 기대감에 마음이 설렌다. 자, 이제부터 나는 아사로 머드맨 부족이다.

또라이 정신. 어렸을 때부터 내 삶을 지탱해 온 또라이 정신은 식인종이 산다고 알려진 이곳에 올 때도 십분 발휘되었을 뿐 아니라 새로운 일에 도전할 때마다 나의 무기가 되었다.

파푸아뉴기니 하겐 한인회

파푸아뉴기니에 한국인이 처음 온 것은 1980년대 중반 이후의 일이었다. 모두 호주 국적의 한국인들이었다. 1990년대 이후부터 한국에서 바로 한국인들이 오기 시작하였으나 몇 명 되지 않았다. 대부분이 잠시 머물다 가는 대기업 직원들이었다. 내가 처음 파푸아뉴기니에 왔을 때에는 한국 교민이 백 명도 채 되지 않았지만, 지금은 250여 명의 한인들이 굳건히 터전을 잡고 모두들 열심히 잘 지내고 있다.

처음 외국에 나간다고 했을 때 '외국에 가면 교민들하고는 상대하지 마라' '한국 사람들이 같은 한국 사람에게 사기 치는 일이 많다'는 말을 많이 들었다. 처음 파푸아뉴기니에 올 때는 함께 사업을 할 5명과 함께였다. 그런데 그때 세관을 통과할 때 내가 가지고 있던 담배

2보루가 말썽이 되었다. 담배는 1인당 한 보루만 허용되었기 때문이다. 나도 그것은 잘 알고 있어서 1보루만 갖고 왔었다. 하지만 어쩌다보니 세관을 통과할 때 일행의 담배를 맡고 있었던 것이다.

하지만 세관원은 그 사실을 인정할 수 없다며 여분의 한 보루를 압수하려 했다. 세금을 내겠다고 하였더니 50달러를 내라고 했다. 담배 한 보루는 5달러 주고 산 것인데, 10배에 해당하는 50달러를 내라니 너무 과도한 것 같았다. 그래서 내가 따지고 들었더니 주변이 소란스러워지기 시작했다.

창피하기도 하고 시간도 지체되자 일행은 그냥 담배 한 보루 줘 버리고 가자고 했다. 그러나 나는 그럴 수가 없었다. 세관원이 돈을 먹을 생각으로 생트집을 잡는 것이 너무도 빤히 보였기 때문이었다. 못하는 영어지만 세관 법규를 보자며 물고 늘어졌더니 결국 5딜러의 세금을 내고 통과할 수 있었다. 그렇게 어렵게 담배를 지킬 수 있었다.

호텔에 도착하자마자 공사 일을 소개해 준 현지 교민 한 사람을 만났다. 내가 가지고 있던 담배를 보자마자 한 보루 얻을 수 없겠냐고 했다. 나이도 지긋한데다 안내를 해줄 사람이었기에 담배를 드렸다. 그런데 자신은 담배를 안 피운다며 호텔 종업원들에게 한 개비도 아니고 한 갑씩 마구 나누어주었다. 이게 다 한국의 얼을 심는 일이라는 얼토당토 하지 않은 설명을 덧붙였다. 공항 세관에서 그 난리를

남태평양의 '또라이'

쳐가며 가지고 온 귀한 담배인데 울화통이 터져 미칠 지경이었다.

그러고는 호텔버스를 타고 시내를 다녀왔다. 그런데 버스에서 내리자마자 그 교민이 잔돈 있으면 달라고 했다. 왜 그러나 싶었지만 아무 말 않고 주었더니 호텔버스 운전사에게 잘난 척하며 팁을 주는 것이었다. 팁을 주고 싶으면 자기 돈으로 주든지 나보고 주라고 그럴 것이지 왜 내 돈으로 자기가 팁을 주면서 생색을 내는 것인지 도저히 이해가 되질 않았다.

하나를 보면 열을 알 수 있다고 했던가. 우리가 따내려는 공사는 발주자가 파푸아뉴기니 정부여서 조건이 좋았다. 문제는 그 교민이었다. 유리한 협상을 위해 담당 장관을 만나는 일 등 모든 일을 우리가 직접 했는데, 자기가 소개해 준 일이니 소개비로 총 공사비의 10%를 선금으로 달라고 했다. 그 정도면 순수익의 절반 정도에 해당되는데, 한국 돈으로 10억 원이 넘는 거액이었다. 결과가 어떻게 될지 보장도 없는 외국 공사를 수익금의 절반 정도인 10억이란 거금을 선금으로 주고 맡을 사람은 없을 것이다.

파푸아뉴기니에 거주하는 교민이었기에 그 사람을 빼고는 공사를 할 수 없었다. 그렇게 했다가는 나중에 무슨 봉변을 당할지 모르는 일이었기 때문이다. 그래서 우리는 그 공사를 포기할 수밖에 없었다.

결국 나는 이후에 파푸아뉴기니에 다시 와서 정착했고 그 사람처

럼 파푸아뉴기니의 한국 교민이 되었다. 이민 생활에는 기득권이라는 것이 있다. 남보다 먼저 와서 고생해가며 얻은 권리다. 또 그렇게 해서 자신만이 알게 된 정보를 그냥 쉽게 남에게 주고 싶은 사람은 별로 없을 것이다. 그런 것을 사실대로 말하고 당당히 인정받는 것과 그것을 무기 삼아 비열하게 자신의 이익을 취하고자 이용하는 것은 전혀 다른 것이다.

파푸아뉴기니에 처음 들어왔을 때 15일짜리 비자를 받아 왔다. 하지만 일을 하다보니 15일은 금방 지나가버렸다. 다시 비자를 받기 위해 한국을 다녀오려면 경비가 만만치 않았기에 잠시 가까운 제3국을 다녀올 생각이었다. 이런 사정을 들은 한 교민이 걱정하지 말라며 500달러만 주면 여기서도 새로 비자를 받게 해주겠다고 했다. 참으로 고마웠다. 최소 2천 달러 이상의 경비가 드는 일을 500달러에 해결할 수 있었기 때문이다.

그런데 가깝게 지내던 현지인이 한국 다녀온다면서 왜 안 가냐고 물어서 비자를 새로 받을 수 있게 된 사정을 설명해 주었다. 그랬더니 그는 왜 진작 자기에게 말하지 않았냐면서 20달러만 내면 비자를 자동으로 연기할 수 있다고 했다. 모르는 게 바보였다. 결코 누구를 원망하고 싶지는 않았다. 다만 마치 안 되는 것을 되게 해준 것처럼 거짓말을 한 그 교민이 불쌍할 뿐이었다.

개인이 하는 일은 사고가 생길 가능성이 많다. 하지만 단체는 좀 나은 편이다. 공공연히 하는 일은 위험성이 적기 때문이다. 이런저런 일을 겪으면서 깨닫게 된 것이다. 교민이라고 해봐야 백여 명밖에 안되었지만 한국인들이 뭉쳐 일을 할 수 있는 단체가 필요하다고 생각했다.

내가 파푸아뉴기니로 이주해 오기 전에 수도 포트모르스비에는 한인회가 있었다. 그러나 1992년 대사관 행사로 포트모르스비에 갔다가 한국식당에서 우연히 교민끼리 주먹을 휘두르며 싸우는 것을 목격했다. 그 후에 한인회가 폐쇄되었다.

내가 살고 있던 마운트하겐에는 포트모르스비보다 20여 명 더 많은 50여 명의 교민이 살고 있었다. 30대 젊은 사람들이 새로이 마운트하겐으로 와서 자주 어울리게 되었는데, 그중 5명이 뜻을 같이하여 한인회 결성을 추진했다.

맨 처음 대사관에 이 사실을 알리고 협조를 요청하였더니, 그렇지 않아도 한인회가 없어 대교민 업무에 많은 어려움이 있었는데 적극적으로 후원해 주겠다는 대답을 들을 수 있었다. 교민들에게 한인회 결성 사실을 알리고 홍보하였으나 반대하는 교민들이 많았다. 우선 젊은 사람들이, 그것도 파푸아뉴기니에 온 지 1~2년밖에 안되는 신참들이 나섰기에 믿을 수 없다는 것이었다. 또 다른 이유는 한인회를 만들면 패를 만들어 싸움을 하게 되고 결국 폭력이 난무하게 되니 좋을 것이 없다는 것이었다. 반대하는 사람들은 주로 나이 드

신 분들이었다. 포트모르스비 한인회 폭력사태 때문에 한인회라면 넌더리가 나는 것은 이해할 만한 일이었다. 그러나 결코 포기할 수는 없었다.

일단 한인회를 만들면 모두 따라올 것이라는 확신이 있었다. 젊은 만큼 열심히 하겠다, 결코 폭력 사태 같은 것은 없게 하겠다고 설득했다. 결국 많은 사람들의 동의를 얻어 대사관에 신고를 하고 외무부에 등록할 수 있었다. 그렇게 어렵게 1994년 파푸아뉴기니 한인회가 탄생했다.

그러나 여전히 반대하는 사람들이 있었다. 몇몇 어르신들과 포트모르스비 일부 교민들이었다. 그래서 파푸아뉴기니 한인회라는 명칭을 쓰지 못하고 파푸아뉴기니 하겐 한인회로 할 수밖에 없었다. 그러나 한인회가 만들어졌다는 사실 자체가 중요하기에 그 의미는 컸다.

씽씽 축제와 사물놀이

내가 살고 있는 서부 고원지방 마운트하겐에서는 8월에, 동부 고원지방 고로카에서는 9월 독립기념일 전후에 많은 부족들이 특유의 전통복장을 하고 전통 춤을 선보이는 행사인 씽씽축제가 열린다.

씽씽축제는 원래 부족전쟁 때 부족의 세를 과시하는 행진에서 유래했다. 지금은 전통 문화 행사로 자리 잡아 원시문명을 접할 수 있는 기회로 많은 관광객을 불러 모으는 유명한 축제가 되었다. 그러나 화려한 의상과 원색적인 분장 등이 구경하기엔 좋을지 모르나 노래와 춤 등엔 깊이나 멋이 별로 없는 단순한 행사였다. 그때마다 언젠가는 우리나라 전통 문화의 멋을 한번 보여주고 싶었다.

매년 8월 15일 광복절 국경일 행사를 대사관에서 주관해 왔다. 그러나 그날은 여러 나라의 국가 행사가 겹치고 광복절보다는 개천절

이 의미가 더 크다고 해서 매년 광복절에 하던 행사를 10월 3일 개천절에 하는 것으로 대사관 일정이 바뀌었다. 그렇지만 8월 15일을 그냥 지나치기엔 너무 섭섭한 것 같아 한인회에서 주관하여 광복절 행사를 한번 해보기로 했다.

파푸아뉴기니 정부 요인들과 각 기관장들 등 귀빈들을 초청하고 한국 음식을 대접하는 기본적인 것들은 준비하는 데는 별 무리가 없을 것 같았다. 초청한 사람들에게 무엇을 보여줄 것인가가 문제였다. 우리의 전통적인 것을 보여주자는 의견이 모아져 태권도 시범과 사물놀이 공연을 보여주기로 결정하고 준비에 들어갔다.

마운트하겐에 있는 국제학교에서 태권도를 가르치고 있어서 태권도를 배우고 있는 한국 아이들 6명과 현지인 수련생들이 시범을 하면 되기에 태권도 시범은 걱정이 없었다. 문제는 사물놀이였다. 전문적인 사물놀이 공연단을 한국에서 초청해 오면 더 말할 나위 없이 좋겠지만 엄청난 경비에 엄두를 내지 못했다. 미국이나 유럽 등의 한인회에서는 자체적으로 사물놀이 팀을 구성하여 한인회 주관 행사 등에서 공연을 하고 있다고 하니 우리도 한번 해보기로 했다.

사물놀이 악기와 의상 그리고 사물놀이를 배울 수 있는 테이프 등을 한국에서 급히 구해왔다. 대학 다닐 때 음악이 좋아서 잠시 밴드 활동을 해본 경험이 있기에 자신감은 있었으나 어디서부터 어떻게 시작해야 할지 난감했다. 며칠간 밤잠 아껴가며 가져온 테이프를 수도 없이 보고 듣고 한 덕분에 4가지 악기의 연주를 대충이나마 파악했다. 그것을 나름대로 악보에 정리해 연주 자료 준비는 마쳤지만 연주자를 물색하는 것이 또 문제였다.

교민들 모두 자기 사업에 바쁜지라 최소 2주간을 매일 연습해야 하는 일을 누가 해보겠다고 나서 줄지 의문이었다. 사물놀이를 한번 해보자고 의기투합할 때 적극적으로 찬성해 주었던 선배 두 분에게 부탁하니 자신은 없지만 잘 가르쳐만 준다면 열심히 해보겠노라고 선뜻 응해주었다. 또 평소에 노래도 잘하고 놀기 좋아하여 끼가 다분한 동료 한 사람을 잘 설득하여 겨우 승낙을 받아내서 나까지 4명이 함께 사물놀이를 연습하기 시작했다.

선배 두 분은 북과 징을 그리고 다른 동료는 장구는 도저히 못하겠다고 꽹과리를 선택했기에 장구는 내가 하게 되었다. 기본 박자부터 악기 잡는 법까지 하나하나 가르쳐줘야 했다. 가르쳐주는 나도 비디오테이프로 겨우 짐작만 하는 수준이었다. 이렇게 장님 코끼리 다리 만지듯 연습하다 보니 겨우 악기의 특성을 익혔을 뿐인데 일주일이 금방 지나가버렸다.

고된 하루 업무를 끝낸 후 쉬지도 못하고 매일 3~4시간씩 땀 흘려가며 배우는 것은 결코 쉬운 일이 아니었다. 꼭 하고 말겠다는 열정과 해야만 한다는 의무감이 힘이었다. 행사는 일주일밖에 남지 않았다. 아무것도 모르는 사람들이 2주일 만에 공연을 해보겠다고 한

것 자체가 무리였다. 그러나 다른 도리가 없었다. 최선을 다해 노력할 뿐이었다.

그런데 잠재의식 속에 뿌리 박혀 있는 것이 그렇게 큰 줄 몰랐다. 사물놀이는 농악이 기본이다. 농악은 어려서부터 늘 듣고 보고 자라던 것이라 무척 친숙한 것이었다. 악기에 제법 친숙해지자 귀에 익은 우리 리듬에 저절로 신명이 났다.

행사를 이틀 남겨놓고 처음으로 함께 맞춰보았다. 절정에 다다랐을 때는 자신도 모르는 경지에 올라 도취되어 연주를 했다. 모두 온몸이 땀으로 흠뻑 젖어 황홀해했다. 그것이 바로 사물놀이였다.

행사 당일 한인회장이란 직책을 맡고 있던 나는 정신이 없어 혼이 빠져 있었다. 행사 진행과 사물놀이를 잘해낼 수 있을까 하는 걱정 때문이었다. 1년 만에 처음 입는 양복은 너무 어색했고 접대할 손님은 계속 밀려왔다. 행사를 알리는 환영인사를 끝내자마자 양복을 벗고 사물놀이 복장으로 갈아입고 무대에 올라갔다.

부드럽게 시작하는 처음 부분에선 긴장되어 어색함이 있었으나 연주가 무르익을수록 연습한 대로 잘해나갔다. 빠르게 연주하는 마지막 단계에서는 그야말로 신명나게 "얼쑤" 소리치며 젖 먹던 힘까지 다해 열성으로 공연을 마무리했다. 과연 공연을 잘했는지 전혀 알 수가 없었다. 우리가 공연을 해냈다는 것만으로 대만족이었다.

공연을 지켜본 초대손님은 모두 우레와 같은 박수를 보내주었다.

공연을 지켜본 주지사는 생전 처음 들어본 사물놀이 소리에 압도되고 신명나는 공연에 저절로 흥이 솟구쳤다며 일주일 후에 있을 마운트하겐의 씽씽축제에 출연해 줄 것을 부탁했다.

타 지역에서 온 교민들도 모두 감탄했단다. 사물놀이를 한다고 해서 '뭐 얼마나 하겠어. 대충 그렇고 그렇겠지' 하고 기대도 하지 않았는데 전문가 뺨칠 정도로 잘해서 어리둥절할 정도였다며 칭찬을 아끼지 않았다. 대체 얼마 동안 연습을 했냐고 물어보며 6개월이나 1년이란 기간을 추측하며 내놓기도 했다. 단 2주일 연습한 결과일 줄은 꿈에도 생각지 못했던 것이다.

태권도 시범단도 예상보다 잘해주었다. 마운트하겐의 부인들이 정성껏 준비한 한국 음식들도 대인기였다. 마지막에는 모든 참석자들이 이리랑을 함께 합창하면서 가슴 뭉클해했다. 모든 행사가 순조롭게 잘 끝났다.

일주일 후 전국 각 지역의 60여 팀이 참석하는 씽씽축제가 열렸다. 마운트하겐 럭비구장에서 벌어진 씽씽축제는 호주, 일본, 유럽 등 세계 각지에서 온 많은 관광객들을 비롯하여 휴일을 맞이한 각 지역 현지인들로 인산인해를 이루었다.

4명의 사물놀이 팀과 한복으로 곱게 차려 입고 소고를 든 4명의 교민 부인들이 한 팀이 되어 사물놀이 공연을 준비했다. 씽씽축제 참가팀들은 각 부족들의 독특한 의상을 입고 전통 춤을 추며 입장했

씽씽 축제의 원주민들. 부족전쟁 때 부족의 세를 과시하는 행진에서 유래한 씽씽 축제는 전통 문화 행사로 자리 잡아 원시문명을 접할 수 있는 기회로 많은 관광객을 불러 모으는 유명한 축제가 되었다.

고 주지사와 문화부 장관 등의 축하 연설이 있은 후 축하공연으로 우리들의 사물놀이 공연이 무대에 올랐다.

  수천 명이 지켜보는 가운데 공연을 하려니 떨렸으나 연주는 자신 있게 하였다. 사물놀이의 마지막 빠른 부분은 더욱 신명나게 연주하여 공연을 마쳤다. 사물놀이를 처음 본 사람들은 신기해하며 우렁찬 소리에 감동하여 많은 박수를 보내주었다.

  우리의 사물놀이 공연은 저녁에 국영 TV 뉴스에 보도되었고, 월요일 각 일간지에 대형 사진과 함께 전면 특집으로 실렸다.

  파푸아뉴기니에서 우리의 자랑스러운 전통 문화를 한껏 보여주고 자랑하고 알릴 수 있었다는 자부심에 흐뭇했다. 마음고생 몸 고생 마다 않으며 열심히 준비했던 일들은 소중한 추억으로 마음속 깊이 새겨졌다.

한국사람 만나지 마세요

하루는 슈퍼마켓에서 한 동양인 가족을 보았다. 마운트하겐에 사는 외국인은 거의 다 알고 있었는데, 그 사람들은 전혀 모르는 사람들이었다. 어느 나라 사람들인가 궁금해 유심히 보니 한국말을 하고 있었다. 반가워서 아는 척을 하려고 가까이 다가가려니 피하며 다른 쪽으로 가버렸다.

일주일 뒤에 또 슈퍼마켓에서 그들을 만났다. 이번엔 반갑게 인사를 하고 얘기를 나눌 수가 있었다. 사업하러 아내와 어머니, 딸아이 모두 함께 파푸아뉴기니에 왔고 마운트하겐에 집을 얻고 정착하여 살고 있다고 했다. 온 지는 2달이 넘었단다. 한인회를 한다면서 새 가족이 생긴 걸 전혀 모르고 있었다는 것이 민망스럽고 미안했다. 마운트하겐에 한국인이 제법 살고 있는 줄 알고 있었지만 굳이 찾아보려 하지 않았다고 했다. 그들을 이곳에 오게 해준 한국 사람에게서 파푸아뉴기니 교민들은 다 사기꾼들이니 절대 만나지 말라는 충고를 들었기 때문이다.

나도 들었던 말이다. 그러나 한국 교민들을 일부러 피하지는 않았다. 내가 하는 사업과 연관될 한국 교민이 없을 것 같아서도 그랬지만 특별히 해가 될 것 같지 않았기 때문이다. 또 한국말로 통할 수 있다는 것은 의지가 되고 위로가 되었다.

그런데 더 이야기를 하다보니 한국인은 절대 만나지 말라는 충고를 한 그 사람은 내가 처음 여기에 왔을 때 공사 알선료 10억을 요구했던 사람과 동일 인물이었다. 그 사람은 이미 모든 교민들 사이에 사기꾼으로 찍혀 아무도 상대해 주지 않았다. 그러니까 자신이 사기꾼인 것이 들통 날까봐 그런 충고를 했던 것일지도 모른다. 역시 새로 온 이 사람도 땅과 집을 마련하는 과정에서 이미 1억 원 정도를 갈취당했다.

한인회를 만들었던 이유에는 이런 사태를 미리 막아보려는 것도 있었는데 안타까웠다. 이 일을 계기로 하여 한인회 활동을 본격적으로 시작했다. 소식지를 만들어 각 지역의 소식을 나눴고, 전화 연락망 체계를 갖추어 매일 저녁 안부와 정보를 교환했다. 이렇게 몇 년이 지나자 사기꾼 같은 사람들은 모두 없어졌다.

마운트하겐의 모든 한인들은 주말마다 모여 친목을 다졌다. 태권

도 시범, 사물놀이 공연 등 우리나라 전통과 민속을 파푸아뉴기니에 알리는 뜻 깊은 행사도 했다. 이런 일들을 할 수 있었던 힘은 결속력이었다. 이해득실이 아닌 서로에 대한 관심과 정을 바탕으로 다져진 관계이기에 신뢰를 쌓을 수 있었다. 마운트하겐 한인회의 결속력은 이런 신뢰가 만들어낸 것이었다. 다른 지역 사람들이 우리를 많이 부러워했다.

그 후 많은 한국인들이 들어와 파푸아뉴기니에 거주하는 한국인 수가 늘었다. 그래서 고로카 지역을 시작으로 항구 도시 레이와 수도 포트모르스비까지 각 도시에 한인회가 결성되어 1997년에는 한인회가 모두 4개에 이르렀다.

1999년에는 파푸아뉴기니 전체 한국인들을 대표할 수 있는 중앙한인회를 설립했다. 뉴브리튼 섬의 김베에 대단위 오일쌈 농장들이 형성되어 가공공장들이 속속 들어섰는데, 이곳에 한국인들이 많이 들어갔다. 지금은 파푸아뉴기니에서 한국인이 제일 많이 사는 도시가 되었다. 이 김베에도 한인회가 생겨서 이제 파푸아뉴기니 한인회 지역회는 모두 5개가 되었다. 많은 사람들이 한인회에 애정을 갖고 10여 년 동안 고생을 해 맺은 결실이다.

잘되고 행복할 때는 결코 한인회를 찾지 않는다. 그러나 어렵고 힘들 때면 꼭 한인회를 찾게 되어 있다. 벌목 사업을 한다고 남부 고원지방인 알리부에 한국의 한 목재회사가 들어와 상주하고 있었다.

한국인 직원들도 많았는데, 한국에서 지원이 끊겨 직원들이 밥을 굶는 사태가 벌어졌다. 직원들은 바로 한인회를 찾아왔다. 그들도 역시 교민들은 대부분 사기꾼이니 접촉하지 말라는 말을 들었기에 한국 사람과의 접촉을 피하고 있었다. 직원들은 우리 집에서 기거하면서 많은 교민들의 도움을 받아 여권을 새로 만들고 비행기 값을 마련하여 무사히 한국으로 돌아갈 수 있었다.

불법 장기 체류자 단속에 한국인 한 명이 체포되었던 적이 있었다. 사업을 해보고자 혼자 와 있던 사람이었는데 일이 잘못되어 비자도 없이 지내다가 단속에 걸렸던 것이다. 아무도 그 사람을 알지 못했지만 한국인이 유치장에 갇혀 있다는 것만으로도 교민들에게는 자존심 상하는 일이었다. 한인회 부회장을 하고 있던 식품도매상을 하는 친구가 내신 보석금을 납부해 줘서 일단 빼낸 다음 재판을 받을 수 있게 해주었다. 한인회가 있었기에 가능한 일이었다.

한번은 60이 훨씬 넘으신 분이 전화를 했다. 한 40대 교민이 사소한 말다툼 끝에 자신에게 욕을 하고 폭력을 휘둘렀다며 분통을 터트리셨다. 40대의 그 남자를 만나 사과를 종용했지만 자기는 잘못 한 것이 없다며 거절했다. 물론 시비를 가려 판단해야겠지만 우리는 한국사람 아니냐, 어린 사람이 먼저 사과하는 게 도리다, 이것은 한국 교민 모두의 문제다, 이러다가는 누구나 어르신들을 막 대하는 사태가 벌어질 수도 있다며 설득을 했다. 결국 그 남자가 사과를 했다.

이렇게 한인회는 학교의 규율부 같은 역할도 했다.

비행기가 고로카에서 추락하여 승객 19명 전원이 사망하는 사고가 있었다. 그 사망자 안에는 영풍개발이란 회사의 직원 5명도 들어 있었다. 금광 개발을 위해 금광을 조사하다가 변을 당한 것이다. 사고 현장에서 수습된 시신은 헬기에 태워져 고로카로 옮겨졌다. 시신들은 산산조각 나 있었다. 유가족들이 도착하기 전에 조각난 시신을 봉합해 염을 해놔야 했다. 그 일을 고로카 한인회에서 했다.

외국에서 사업에 성공하려면 한국사람, 중국 사람과는 절대 경쟁해서는 안 된다는 말이 있다. 중국사람은 어렵고 힘든 일일수록 단합하고 이익은 아무리 작은 것이라도 놓치지 않으며 인내심이 있기에 경쟁하면 질 수밖에 없다. 한국사람은 독점하려 하고 자기 편 아니면 적으로 삼아 자기 이익을 위해서는 같은 한국인일지라도 중상모략을 서슴지 않으며 죽기 살기로 덤벼드는 면이 있어 경쟁하면 도저히 견딜 수가 없다. 그만큼 한국사람들은 단합하기 힘들다.

한인회를 만들고, 솔선수범하여 일했지만 이것을 잘난 척이라 생각하는 사람들로부터 무수히 욕을 먹었다. 칭찬해 주고 인정해 주는 사람들은 극소수였다. 돈 버는 일도 아닌 이 일을 내가 왜 욕먹어가면서까지 해야 되는 것인지 때려치우고 싶었던 적이 수천 번도 넘었다. 한인회 일 때문에 가정은 뒷전으로 밀려나기 일쑤였기에 집사람과 아이들도 그만두라고 성화였다. 그러나 한인회에 대한 나의 애정

남태평양의 '또라이'

은 뜨겁고 끈끈한 것이었다.

대부분의 사람들은 한인회에 관심이 없다. 먹고 사는 일만으로도 바빠서 죽을 지경인데 돈도 안 되는 일에 신경을 쓸 여유는 없었을 것이다. 하지만 나는 그마나 건설업을 하고 있어서 여유 시간이 많은 편이었다. 한인회 일을 열심히 할 수 있었던 데는 이런 이유도 있었다.

내 열정의 큰 부분을 바쳤던 한인회가 어느 덧 10년을 훌쩍 넘겼다. 놀면서 돈 벌 생각은 않고 한인회 일이나 한다고 미친놈이라는 소리도 들었다. 간이식당이라도 해보라는 충고도 들었다. 그러나 나는 한인회 일을 계속했다. 겨우 입에 풀칠이나 하려고 머나먼 이 나라에까지 온 것은 절대 아니었다. 큰돈을 벌어보겠다는 포부가 있었고 자신도 있었다. 조그만 간이식당을 하찮다고 치부하는 것이 아니다. 다만 그런 일을 하는 사람들은 성실한 사람들이고 눈에 보이지 않는 일을 하는 사람들은 성실하지 않은 것처럼 생각하는 것이 못마땅했다. 사람마다 가진 능력과 현실에 맞는 일을 열심히 하면 된다는 것을 보여주고 싶었다.

한인회를 자기 사업과 결부시켜 이익을 취해보려는 사람들이 너무도 많다. 그런 사람들은 한인회에서 하는 일이나 한인회 일을 하는 사람이 자기 사업에 조금이라도 도움이 된다 싶으면 칭찬하고 후원하지만, 그렇지 않으면 반대하고 모략한다. 대부분의 한국인들은

성실한 사람들이다. 자기 일에 묵묵히 최선을 다해 노력하면서 조용히 성실하게 살아간다. 그러나 비열한 사기꾼, 도둑놈 소리를 들어 마땅한 사람들은 어디에든 꼭 있기 마련이다. 그런 사람들이 정말 선량하고 성실하게 살아가는 사람인 척하기에 속고 피해를 보는 사람이 많다는 것이 문제다.

교민들의 경험과 걱정 어린 조언을 무시하고 일을 추진했다가 엄청난 피해를 보는 사람들도 많다. 선심을 쓰며 교민들에게 다가와 그들의 소중한 경험만 이용해 먹는 사람도 있다. 같은 한국 사람들에게 나쁜 짓을 하는 사람들을 응징해 주고 싶은 생각이 굴뚝같았다. 그러나 한인회는 그러면 안 된다. 그런 사람일수록 받아줘야 한다. 한인회에서 받아주지 않으면 갈 곳이 없기에 더욱 나쁜 짓을 할 수밖에 없기 때문이다.

한인회는 대한민국 정부에서 인정해 주는 공공단체라 공신력이 높다. 그러므로 한인회에서 일하는 사람은 작은 일도 함부로 할 수 없는 공인이다. 한인회 일을 하는 사람에게는 알게 모르게 많은 제약이 있었다. 교민들에게 중요한 영향력을 행사하는 것도 아니고 잘해야 본전일 뿐인 단체였지만 그랬다.

그러나 나는 의무감과 사명감 그리고 신명과 애정으로 한인회 일을 해나갔다. 그러면서 인내심과 포용력을 배웠다. 용기와 신념도 가지게 되었다. 그리고 진정한 고마움도 알게 되었다. 한인회에서 나는 내가 바친 것보다도 더 많은 것을 얻었다.

　우리 집은 한인회의 사랑방이었다. 혼자 사시는 분들은 주말마다 우리 집에서 모였다. 이분들에게 음식을 해서 나눠주고 끼니때마다 밥을 챙겨주어 따뜻한 공간을 제공했던 것은 모두 집사람의 힘이었다. 나 자신도 많은 사람들로부터 큰 도움을 받았다. 한인회를 하고 있었기에 받을 수 있었던 도움이었다. 한인회와 도와주신 분들에게 고맙고 감사한 마음뿐이다.

동네 간이시장에서 장을 보는 집사람. 혼자 사시는 분들은 주말마다 우리 집에서 모였다. 이분들에게 음식을 해서 나눠주고 끼니때마다 밥을 챙겨주어 따뜻한 공간을 제공했던 것은 모두 집사람의 힘이었다.

피엔지 여자와 사는 법

경찰서에서 전화가 왔다. 지금 한국 사람이 잡혀 왔는데 통역을 좀 해달라는 것이었다. 무슨 일인가 싶어 급히 경찰서로 갔다.

잡혀 온 사람은 금광 사업을 하고자 이곳에 와서 혼자 살고 있는 사람이었는데, 그 집에 가정부로 일하던 현지인 여자가 고소를 했다. 죄목은 강간이었다. 정말 강간을 했냐고 물으니 절대 아니라고 했다. 물건을 훔쳐가는 것을 몇 번 봐주었는데 어제는 지갑을 뒤져서 돈도 훔치기에 아침에 해고했더니 적반하장으로 경찰서로 와서 자기를 강간했다며 생트집을 잡는다는 것이다.

흔히 있는 일이었다. 함께 일할 때는 잘하다가도 해고를 하면 가당치도 않은 거짓말을 꾸며서라도 고발을 하는 것이 현지인들의 특성이기 때문이다. 그런 현지인들을 다루는 방법은 간단했다.

고발했다는 가정부 여자를 마구 다그쳤다. 거짓말도 큰 죄다, 나중에 재판 받아서 거짓말 한 것이 들통 나면 너는 감옥에 갈 것이다 하며 큰소리를 마구 질렀더니 겁을 먹었는지 강간을 한 것이 아니고 강간을 하려고 했다고 말을 바꾸기 시작했다. 옳거니 싶어서 언제 그랬냐, 어디서 그랬냐, 어떻게 했었느냐면서 몰아붙이자 대답을 못하고 울기만 한다.

경찰도 이 대화를 보고 사태를 파악했다. 해고한 것에 대한 앙심으로 고발한 것이니 해고에 대한 보상으로 한 달치 급료를 더 주는 것으로 그 일을 마무리했다.

혼자 사는 한국인 중에는 현지인 가정부를 건드려 엄청난 돈을 주고 합의하고 사업 자체를 포기하고 한국으로 돌아가는 사람도 더러 있었다. 또 현지인 여자 중에는 거액을 받아낼 속셈으로 계획적으로 외국인에게 접근하는 경우도 있다.

한 한국 사람이 이런 일을 당했다. 하룻밤을 보낸 후 임신을 했다는 바람에 어쩔 수 없이 여자를 많은 돈을 주고 사서 함께 살게 되었다. 8개월도 안돼 애를 낳았는데 완전 원주민 아이였다. 이미 아이를 임신해 놓고 의도적으로 접근했던 것이다.

돈을 주고 사왔지만 아이 아빠와 함께 잘 살라고 돌려보내 주었는데 여자는 뻔뻔하게도 그동안 살았던 것에 대해 보상을 해달라고 고소를 했다. 결국 또 보상해 주어야 했다.

이곳 파푸아뉴기니는 생활환경이 좋지 않아 한국에서 가족이 모두 함께 와서 생활하기에는 많은 어려움이 있다. 그래서 한국사람들은 혼자 살고 있는 경우가 많다. 영어와 현지어가 능통하지 못하니 통역사도 필요하고 사무실 직원도 필요하지만 경비가 많이 들어 사업을 정상적으로 시작하기 전까지는 대부분 그냥 혼자서 가정부 한 명만 두고 산다. 그러기에 파푸아뉴기니에는 한인 2세들이 꽤 있다.

하일랜드의 용키라는 곳에서 현대건설이 댐 공사를 하였다. 수년간 많은 한국인 노무자들이 상주하였기에 현지인들과의 사이에 태어난 한인 2세가 7명이나 있었다. 댐 공사가 끝나고 한국인들은 모두 돌아가버렸고 2세들은 버려져 현지인처럼 키워지고 있다. 섬 지방 뉴브리튼 섬에도 한라그룹 계열의 남양목재 회사가 20여 년 동안 녹재사업을 하였기에 한인 2세들이 꽤 많은 실정이다.

카이난투라는 곳에 살고 있는 한인2세 여자아이의 이야기를 들은 적이 있었다. 20살이 다 된 그 아이는 현대건설이 있던 용키에 버려진 7명 중 한 명이었다. 먹고 사는 것이 막막했던 아이는 몸을 팔며 살고 있었다. 많은 현지인들 사이에는 '코리안걸'이라 알려진 이 아이는 얼굴이 예뻐서 인기가 많다고 했다. 너무 안타까워 대사관, 한인회에 의논해 도움을 주려고 노력해 보았으나 아이 스스로가 잘해 보려는 마음이 전혀 없었기에 도와줄 방법이 없었다.

파푸아뉴기니는 일부다처제 국가이다. 여자는 돈을 주고 사는 전

통과 풍습이 있기에 누구든지 돈만 있으면 여자를 살 수 있다. 혼자 살고 있는 많은 한국 사람들을 보면 이런 이야기를 꼭 해준다. 제발 가정부 건드려서 강간으로 고발당하지 말고 한인 2세 태어나게 해서 나중에 창녀나 되게 만들지 말라고. 여자가 생각난다면 살고 있는 곳에서는 절대 허튼 짓 하지 말고 다른 도시의 술집에 가서 하룻밤 회포를 풀라고.

어쩌면 정식으로 돈을 주고 여자를 사서 데리고 사는 것이 가장 좋을 수도 있다. 그렇게 함께 살면 사무실 여직원 역할은 물론 가사도 돌봐주기에 여러모로 큰 도움이 된다. 또 현지인 여자와 같은 부족, 같은 식구인 '원톡'이 되기 때문에 부족으로부터도 도움을 받을 수 있다. 이 나라를 떠날 때는 데리고 살던 여자와 생긴 자식들이 평생 먹고 살 수 있는 것을 마련해 주고 가라고 신신 당부를 한다.

한국에 애인이 없던 노총각도, 나이 60이 넘은 분도, 혼자 사업하며 오랫동안 이곳에서 살고 있는 분도, 그렇게 현지인 여자를 사서 잘 살고 있다. 그들이 택한 현지인 여자는 냄새 나고 어려운 환경에서 원시적으로 살다가 좋은 집, 좋은 옷, 좋은 음식에 좋은 차를 타고 다니니 신데렐라가 되는 것이다. 부족원들에게 자랑하면서 우쭐대는 모습을 자주 볼 수 있다.

서툰 한국말로 인사하는 현지인 여자들을 볼 때마다 이런 사정들이 떠올라 속으로 씁쓸하게 웃는다.

남태평양의 '또라이'

무서운 말라리아

　파푸아뉴기니는 말라리아의 국가이다. 1년에 수백 명씩 말라리아로 죽어간다. 말라리아는 모기로 인해 감염되기에 모기에 물리지 않으면 괜찮겠지만 워낙 모기가 많아서 안 물릴 수가 없다.
　북부 해안지방의 쎄픽 강 지역의 늪지대는 악어의 서식지이기도 하지만 모기의 서식지로도 유명하다. 그래서 이 지역은 말라리아 위험 지역이다. 그곳 정글을 걷다보면 모기가 얼마나 많은지 사람을 둘러싼 모기떼의 형체가 사람 모양을 한다. 손으로 한번 휘돌리기만 해도 십여 마리는 쉽게 잡힌다.
　모기에 물렸다고 모두 말라리아가 발병하는 것은 아니다. 말라리아 치료약 키니네를 일주일에 한 번만 복용하면 예방할 수 있고 아주 건강한 사람은 자연적으로 치유가 된다. 하지만 건강하지 않거나

몸의 저항력이 약해져 있을 때 발병한다. 남부 해안지방 쪽이나 고산지방에는 말라리아모기가 서식하지 않아 안심이지만 북부 해안지방을 갈 때는 반드시 키니네를 복용하여야 한다.

처음에 이곳에 왔을 때는 북부 해안지방에 갈 일이 생기면 꼭 키니네를 복용하곤 하였다. 하지만 키니네는 독하기 때문에 위장이 안 좋은 나에게는 버거운 약이었다. 키니네를 먹으면 속이 거북하거나 아프고 머리가 어지러웠다. 몇 년이 지난 후부터는 괜찮겠지 하는 생각에 북부 해안지방을 가더라도 키니네를 먹지 않았다. 그러다가 그만 말라리아에 걸리고 말았다.

모기장을 치고 잠들었는데 온통 모기에 물려 잠을 못 이루다가 한밤중에 일어나 보니 모기장 안에 아주 작고 색깔이 거무스레한 모기 수십 마리가 들어와 있었다. 모기장 안에 있는 모기들을 다 잡고 난 후 손바닥을 보니 온통 빨갛게 피로 물들어 있었다. 필시 모두 내 피였을 것이다.

출장을 다녀온 며칠 후 몸이 영 좋지 않았다. 그때는 혼자 살고 있던 때라 밥도 제대로 해먹지 않았기에 건강도 좋지 않았다. 감기에 걸렸나 싶어 감기약을 먹고 일찍 잠자리에 들었으나 밤새 고열에 시달리며 끙끙 앓았다. 다음날 아침 일어나려고 했지만 도저히 일어날 수가 없었다.

오한이 들어 몸은 벌벌 떨리는 데도 밤새 고열로 땀을 흘렸기에 탈진해 버렸던 것이다. 머리가 무겁게 느껴져 들 수가 없을 정도였다. 아무래도 병원에 가봐야 할 것 같아 간신히 전화를 걸어 한국사람에게 도움을 요청했다.

　병원에서 피 검사를 해보니 역시 말라리아였다. 그렇게 일주일을 꼬박 앓았다. 정신이 없었고 죽을 것만 같았다. 일주일에 단 한번 두 알만 먹으면 됐던 키니네를 하루에 세 번 4알씩 먹었다.

　약을 먹으면 정신이 몽롱하고 속이 뒤집어졌지만 살기 위해선 먹을 수밖에 없었다. '너는 건강해서 안 죽는다'는 호주 의사의 말을 위로 삼아 버틸 뿐이었다. 체중이 14kg이나 빠졌다. 그래도 그렇게 이겨낼 수 있어서 다행이었다.

　몇달 후 가족들이 이곳으로 왔다. 모두 피골이 상접한 내 모습을 보고 많이 놀랬지만, 혼자 살아서 밥을 제대로 못 먹어 그렇다고들 생각했다. 말라리아에 걸려서 죽을 뻔했다는 얘기는 차마 하지 못했다.

　한번 말라리아에 걸리고 나니까 자신감이라는 게 생겼다. 면역이 된 것 같아 그 이후로는 북부 해안지방을 가더라도 키니네를 먹지 않았다. 그렇게 10년 정도는 괜찮았다. 그러다가 몇 년 전에 또 말라리아에 걸리고 말았다. 방송국 촬영차 섬 지방에 갔는데 바닷가 촬영이라 반바지에 티셔츠 차림으로 다녔다.

　별 탈 없이 촬영을 마치고 숙소로 돌아오는 길에 열대 야자나무

열매를 따는 원주민들을 보았다. 긴 장대 끝에 낫같이 생긴 칼을 끝에다 매고 높은 나무 끝에 달려 있는 열매를 따는 장면이 재미있어 촬영을 했다. 그러나 나무가 있는 곳은 숲이 무성하여 모기 천지였다. 잠시면 된다는 안일한 생각에 들어갔다가 수도 없이 모기에 물리고 말았다. 아차 하는 생각에 기분이 영 찝찝했으나 후회해 봤자 이미 늦은 일이었다.

모든 촬영을 끝내고 집에 돌아오고 3일 지난 후부터 몸이 나빠지기 시작했다. 4일째 되는 날은 행사가 있어 수도 포트모르스비에 갔는데 행사도 제대로 못하고 호텔방에서 끙끙 앓다가 다음날 집에 돌아와서 병원에 갈 수밖에 없었다.

역시 말라리아였다. 11년 전과 똑 같았다. 고열에 땀에 탈진에 정신이 없을 정도로 고생을 했다. 먹기 싫은 키니네를 또 10일간이나 4알씩 하루 세 번을 먹었다. 이번엔 봄무게가 10kg 정도 빠졌다. 그러나 난 절대 죽지 않는다는 자신감에 여유롭게 이겨낼 수 있었다.

나이 들어 점점 몸이 뚱뚱해지는 집사람은 가끔 농담으로 나도 말라리아에 걸려 10kg만 빠졌으면 좋겠다고 한다. 그러나 아무리 농담이지만 정말 끔찍하다. 2번씩이나 걸려 죽지 않아 다행이었지만 정말 다시는 걸리고 싶지 않다.

한국에 잠깐 갔을 때 아는 선배 자녀가 수술을 하게 되었는데 피가 부족하다고 했다. 도움을 주려고 헌혈을 자청했으나 내 피는 받을 수가 없다고 했다. 한번 말라리아에 감염된 피는 영원히 감염되어 있을 가능성이 많다는 것이다. 이제 말라리아는 피를 나눈 형제와도 같이 떨어질 수 없는 사이가 된 것이다.

얼마 전에 촬영을 다녀간 방송사 촬영팀의 한 사람도 한국에 돌아가서 말라리아로 병원에 입원했다는 소식을 들었다. 전화가 왔길래 위로해 주면서 말했다. 절대로 안 죽으니까 걱정 말라고. 2번씩이나 걸려서 안 죽고 살아난 내가 말하는 거니까 믿으라고. 내 말에 위로를 받는 눈치였다. 하지만 가끔은 말라리아로 죽는 사람도 있다. 안일하게 생각하고 방치하면 말라리아균이 뇌 같은 곳에 침투하는데 그러면 굉장히 위험하기 때문이다.

이곳 원주민들은 말라리아로 사망하는 일이 많다. 말라리아에 걸리면 즉시 병원에 가서 치료를 받아야 하는데 정글 속 원주민들은 병원에 갈 수 없는 형편이기 때문이다. 치료를 제때 받지 못하고 방치하는 경우가 대부분이고 가난하여 제대로 먹지 못해 영양실조로 저항력이 없기에 사망하는 경우가 많은 것이다. 말라리아는 선진국에서는 발병률도 낮고 완치율이 높아 별 걱정이 없는 질병이지만, 후진국인 이곳에서는 사망률이 높은 치명적인 질병이다.

더위에 옷을 거의 벗고 사는 원주민들은 모기에 노출될 수밖에 없기에 말라리아에 걸려 죽어가는 그들을 볼 때면 말라리아에 걸려 죽을 고비를 2번이나 넘겨본 경험이 있기에 안타깝기 그지없다.

건맨

치안 부재의 나라이기에 공권력의 손길이 미치질 못하는 곳이 대부분이다. 살고 있는 지역은 비교적 안전해 총을 가지고 다니지는 않는다. 하지만 이동할 때는 꼭 총을 갖고 간다. 복장도 전투복장이다. '건빵바지'에 군화를 신고 총을 차고 비상용 칼도 옆에 찬다. 서부영화의 건맨과 다를 바가 없다.

도시와 도시를 차량으로 이동할 때는 항상 총을 갖고 다닌다. 항상 경계하면서 주위를 살핀다. 더운 적도지방에서 무거운 총을 품속에 넣고 다니는 일은 여간 불편하고 피곤하지 않다. 그러나 외국인들은 대부분 총을 갖고 다닌다.

10여 년 전에는 경찰서장에게 신청하면 신분이 확실한 자에게는 총기허가가 나오곤 했다. 그러나 총기 사고가 많이 나자 총기허가

발급이 중단되었다. 지금은 총기 구입 자체가 불가능하다. 신규 면허를 내주지 않은 지가 10년이 넘어서 총을 구입하려면 기존의 총 소지자에게 돈을 주고 명의 변경을 하는 방법밖에 없다. 원래 총 자체의 값은 종류에 따라 다르지만 50만 원부터 200만 원까지 했었다. 그러나 지금은 700만 원에서 천만 원까지 나간다. 그러나 그러한 거래도 일반적으로 이루어지지 않고 아는 사람끼리 은밀히 이루어지기에 총을 구하기는 거의 불가능하다고 봐야 한다.

  한국교민 중에 총을 갖고 있는 사람들이 많으니 사고도 많이 난다. 총을 분해소지 하고 마지막으로 장전하는 순간 전화벨이 울려 전화를 받으려고 몸을 앞으로 굽히다가 총이 발사되어 넓적다리를 관통당하기도 하고, 남의 사무실에 가서 의자에 앉으려는 순간 의자 방석 속에 두었던 총을 꺼내어 전해주려다 발사가 되어 손바닥과 다리를 관통당하기도 하고, 급기야 오발사고로 한국사람이 사망한 사건까지 발생했다.

  그리고 한번은 한국 교민이 자기가 경영하는 상점에 새벽에 라스콜이 들어왔다는 경비원의 연락을 받고 총을 가지고 가서 발사하였는데 4명을 맞혀 그중 라스콜 한 명은 사망하기도 했다. 말다툼을 하다가 흥분해 총을 쏘는 위험천만한 일이 벌어지기도 한다. 부시나이프를 들고 위협하는 현지인들에게 총을 꺼내 들고 대항했다가 총으로 죽이려고 했다고 고발당하는 일도 있었다.

총은 대개 소지하고 있다는 것으로도 방어가 되는 면이 있다. 그러나 어찌할 수 없는 상황이 되면 사용할 수밖에 없다. 주말에 집에 와 있다가 월요일 아침 공사현장으로 가기 위해 가파른 고개를 오르는데 갑자기 한 사람이 도로 가운데로 걸어 나오더니 총을 꺼내어 발사 자세를 취했다. 깜짝 놀라 액셀러레이터를 밟는 순간 꽝 하는 소리와 함께 차의 앞유리창이 깨졌다.

다행히 조수석 쪽이어서 앞은 볼 수 있기에 고개를 다 올라 뒤를 돌아보니 라스콜 5~6명 뛰어오는 것이 보였다. 급히 차에서 내려 총을 발사하기 시작했다. 탄창 하나인 16발을 다 쏘았다. 탄창을 갈아 끼우고 주위를 살펴보니 이미 라스콜들은 숲 속으로 도망가고 보이지 않았다. 주변을 경계하면서 차를 살펴보니 총을 쏜 것이 아니라 산 위에서 큰 돌을 던져 유리가 깨진 것이었다. 축구공만 한 큰 돌이 운전대 옆 조수석에 들어와 있었다. 운전석에 떨어졌으면 큰일 날 뻔했다.

한번은 차량으로 5시간 걸리는 포게라 광산에 갔다가 다음날 돌아오려는데 부족전쟁으로 도로가 차단되었다. 언제 길이 열릴지 모르는 일이라서 마냥 기다릴 수가 없었다. 잘 아는 지역이었으므로 새벽 일찍 통과하면 될 것 같아서 만류를 뿌리치고 출발했다.

아직 깜깜한 이른 아침 6시에 포게라를 출발했다. 도로가 차단된 지역은 포게라에서 한 시간 정도 걸리는 곳이었다. 날이 밝기 시작하고 7시쯤 되었지만 산악지역이라 안개가 자욱하여 앞이 잘 안 보였다. 차단된 지역 가까이에 와서 산 위쪽에 차를 세우고 멀리서 관찰했다. 도로에는 약간 큰 돌들과 나뭇가지들이 어지럽게 놓여 있을 뿐 다른 장애물은 없는 것 같았다. 주위에는 급조된 원두막 같은 곳에 사람들이 누워 있는 모습도 보였다. 차를 출발하였다. 창문을 열고 총을 쥔 손을 창밖에 내놓고 그 지역을 통과하는데 원주민 몇 명이 내 차를 세우려 하기에 총을 쏘았다. 새벽 총소리에 놀란 원주민들이 숲 속으로 도망가는 틈을 타 쏜살같이 그 지역을 통과했다. 후에 들으니 그 지역은 부족전쟁이 계속되어 결국 경찰이 출동하여 강제로 길을 열어 차량이 통행할 수 있게 된 것은 일주일 후였다고 한다.

  나는 만일에 대비해 가끔 사격 연습을 한다. 밤에 홀로 숲속에 가서 하기도 하고 낮에 한적한 숲 속을 지니기게 되면 차를 세워놓고 하기도 한다. 가끔 아이들에게도 사격 연습을 시키곤 하였다. 총 쏘는 법 정도는 기본적으로 알아두는 것이 좋을 것 같아서였다. 총을 쏘고 나면 희열 같은 것을 느끼기도 하고 마음에 안정감 같은 것을 얻을 수 있었다.

  보건빌 내전사태를 끝내보려고 수상이 영국의 용병회사에 의뢰해 남아프리카공화국 용병들이 오기로 되어 있었다. 그런데 참모총장이 이를 강력히 반대하여 사임시키자 참모총장은 불복했다. 결국 군이 출동하고 정부 측 경찰과 총격전이 벌어지는 쿠데타 비슷한 상

황이 벌어졌다.

　수상이 중국인과 현지인 사이에서 태어난 중국인 2세여서 국민들은 '아시안은 물러가라'라고 외치며 폭동을 일으켜 무정부 상태가 되었다. 중국인 상점들이 습격당하고 방화와 약탈이 자행되었다. 한국인도 초비상이 걸렸다. L.A. 사태와 비슷했기 때문이다. 대사관과 긴밀히 연락을 취했으나 별다른 방법은 없었다. 오직 문단속 잘하고 권총 한 자루에 의지하여 아무 일 없기만을 바랄 뿐이었다. 다행히 3일 만에 호주군이 자국민 보호라는 명목으로 출동하여 파푸아뉴기니 각 도시에 주둔해 사태는 수습되었다. 주말인 금요일에 발생해 월요일 수습되어서 피해가 덜했다. 따로 인명 피해도 없었고 중국인 상점 몇 개가 방화와 약탈의 피해를 본 것으로 끝날 수가 있었다.

　하지만 그런 일이 다시는 벌어지지 말라는 법은 없다. 정치가 불안하고, 경제가 불안하고, 사회가 불안한데다 공권력이 약한 이곳이기에 항상 불안하다. 그렇기 때문에 총을 가지고 다닐 수밖에 없다. 한때는 골프장에 라스콜이 자주 나타나는 바람에 골프장에도 총을 차고 다녔다. 더워서 땀이 나는데 무거운 총을 차고 골프를 치려니 잘 맞지도 않았다.

　미국 같은 나라에서는 누구나 총을 소지할 수 있기에 총기 소지 자체를 그리 꺼리지 않는 것 같다. 총기 사고도 자주 일어나는 것 같은데 별로 대수롭지 않게 생각하는 것 같다. 그러나 파푸아뉴기니

남태평양의 '또라이'

사람들은 총 자체를 끔찍하게 생각하고 총을 가지고 있는 사람들을 멸시한다. 그렇지만 이곳에서는 총을 소유할 수밖에 없다. 불법으로 총을 소지하고 있는 원주민들은 거의 라스콜이고 면허를 가지고 정식으로 총을 소지하고 있는 사람들은 대부분 외국인들이다.

  총을 소지하고 다니고 있고 라스콜을 만난 경험도 있기에 언젠가는 어쩔 수 없이 사람을 죽여야만 되는 경우가 생길 수도 있겠구나, 어쩌면 내가 죽을 수도 있겠구나 하는 생각을 늘 한다. 서글프기도 하고, 한심스럽기도 하다.

금요 야외극장

적도 지방의 우기는 10월부터 2월까지다. 1년에 5개월 정도는 오후 3~4시경에는 예외 없이 스콜이 쏟아진다. 오후 일찍부터 비가 내려 공사를 중단하고 일찍 숙소로 돌아왔다. 고로카에서 오가파로 가는 공사현장은 집에서 차로 5시간 떨어져 있었다. 그래서 현장 근처 원주민 직원들 숙소 옆에 따로 집을 얻어 지냈다. 주중에는 새벽부터 오후 늦게까지 현장을 점검해야 하니 현장에서 지내고 주말에 집에 다녀오는 생활이었다.

비가 온 비포장 길을 오가는 내 차는 몰골이 엉망이었다. 학교에서 돌아온 아이들 몇몇이 내 차를 세차해 주겠다고 했다. 세차를 하자면 계곡에서 물을 길어와야 하기 때문에 제법 힘이 들 텐데 참고마웠다. 그래서 과자와 사탕을 사주었더니 영화 구경을 하고 싶다는 대답이 돌아왔다. 내가 노트북과 영화 CD를 가지고 다니는 것을 누군가에게 들었나보다.

몇 시간을 가야 시내 구경을 할 수 있는 밀림 속 오지인 오카파에는 전기가 없었다. 그러니 문화시설 같은 것은 꿈도 꿀 수 없었다. 우리 숙소에는 자가발전기가 있어 적은 양이나마 전기를 공급하고 있었다. 나는 아이들에게 영화를 보여줄 테니 저녁 먹고 7시쯤 오라고 했다.

하루 저녁 쓸 전기를 만들기 위해 직원 숙소와 내 숙소 2군데의 발전기를 돌리려면 10리터씩 20리터 정도의 경유가 필요했다. 경유 20리터면 50키나, 즉 7천 원 정도에 불과하지만 이 나라에서 50키나는 초등학생 반년치 학비가 되는 큰돈이었다. 도시에서 직업을 가지고 있는 사람의 월급이 한 달 평균 300키나, 즉 10만 원 정도이니 짐작할 일이다.

그러나 오지에 사는 주민들은 대부분 직업이 없었다. 수입은 1년에 한 번 수확하는 커피 농사에서 얻는 것이 대부분이다. 그 외에는 여자들이 이따금 야채와 얌, 따로, 고구마 같은 농작물을 장에다 팔아서 얻는 푼돈이 전부다. 그러므로 전기니 문화시설 같은 것은 먼 나라 이야기고 사치일 뿐이었다.

저녁을 먹고 난 후 밖에서 웅성웅성 하는 소리에 나가보았더니 온 동네사람들이 다 모여 있었다. 영화를 보여준다는 소문이 동네에

쫙 퍼져 50명도 넘는 사람들이 죄다 내 숙소 앞에 모였던 것이다.

나는 책상 하나를 내와서 그 위에 노트북을 올려놓았다. 조그만 노트북 앞에 온 동네사람들이 서로 바싹 붙어 옹기종기 모여 앉아 영화를 관람하였다. 이들은 거의 기독교 신자로서 제칠일안식일교회에 다니고 있기에 나는 십자군과 이슬람교들이 성지 예루살렘을 차지하기 위해 벌이는 전쟁을 이야기한《킹덤 오브 헤븐》을 선택했다.

슬퍼하고, 기뻐하고, 안타까워하고, 환호하며 사람들은 아주 재미있게 영화를 보았다. 모두들 무척이나 고마워하기에 나는 매주 금요일 저녁마다 한 편씩 보여주겠다고 약속했다. 그렇게 해서 내 숙소는 금요일마다 영화를 상영하는 야외극장이 되어버렸다.

그날 이후 내 야외극장의 상영 목록은 종교 영화를 벗어나 다양한 장르를 아울렀다.《패션 오브 크라이스트》《트로이》《다이하드》《터미네이터》를 비롯해 성룡이 나오는 중국 영화들,《실미도》《쉬리》《웰컴투 동막골》등 영어자막이 있는 한국영화들까지 총망라했다. 그리고 새로 나온 유명한 영화 CD를 구한 기분 좋은 날에는 2편을 동시상영하기도 했다. 그렇게 몇 개월간 수십 편의 영화를 보여주었다.

그 기간 동안 직원들과 동네사람들은 영화광이 됐다. 사람들은 금요일 저녁을 학수고대했다. 과연 이번 주에는 어떤 영화를 볼 수 있을까 하는 기대감에 작은 행복을 느꼈을 것이다. 파푸아뉴기니의 도시들에는 비디오방이란 것이 있다. 영화 CD를 틀어주고 5키나를 받는다. 5키나면 절대 싼 가격이 아니다. 그나마 오지 정글에는 그런 기회도 없다가 금요 야외극장이 생겼으니 얼마나 재미있었겠는가.

도시에서 금요일은 급료를 받는 날이기에 '프라이데이'라 하지 않고 '페이데이(Pay day)'라고 한다. 2주에 한 번씩 급료를 타는 그들은 첫째 주 금요일은 정부 페이데이고 두 번째 주 금요일은 일반 페이데이이기에 모든 금요일은 페이데이이다. 페이데이는 항상 즐거운 날이다. 이곳에서는 영화를 볼 수 있는 재미가 더해지니 배로 즐거운 날이 된 것이다.

처음엔 그 조그만 노트북 앞에 50여 명이나 되는 많은 사람들이 옹기종기 붙어 앉아 영화를 보는 모습이 참 안타까웠다. 그러나 한 달 정도가 지나자 관람색은 100명이 넘어버렸다. 뒤쪽에서는 화면을 잘 볼 수 없는 지경에 이른 것이다. 안타까운 마음에 토요일 오전에 재방송으로 다시 보여 준 적도 있었다.

시내에 일이 있어 나가거나 집에 다니러 가서 금요일 저녁에 영화를 못 보여주면 사람들의 실망하는 얼굴이 떠올라 마음이 편치 않았다. 그런 때에는 월요일 저녁에 보여주거나 돌아오는 금요일에 2편을 보여주며 약속을 지키려 노력하였다.

그런데 어느날 노트북을 옮기다가 잘못하여 화면을 깨트리고 말았다. 다행히 여분의 노트북이 있었는데, 그 노트북도 얼마 못 가서

해맑은 원주민 아이들. 노트북 한 대로 보여준 영화에 환호하는 아이들과 동네사람들은 금요일 저녁을 학수고대했으며, 마침내 영화광이 되었다.

망가져버렸다. 발전기 전기는 출력이 일정하지 않았기에 민감한 노트북이 배겨내질 못했던 것이다.

　1년이 지난 후 볼 일이 있어 공사현장을 다시 찾은 적이 있었는데, 내 숙소 주인이 금요일마다 돈을 받고 영화를 보여준다고 한다. 이젠 원시 정글 오지에도 정식으로 작은 극장이 생긴 것이다.

　노트북 한 대 달랑 놓고 100여 명의 원주민들에게 영화를 보여주던 야외극장은 그들에게도 나에게도 잊지 못할 추억이다.

약발

파푸아뉴기니 정글에 사는 어린아이들은 온몸에 상처를 달고 산다. 각종 피부병에 다치고 벌레에 물려 덧나서 생긴 상처들이다. 파리 떼들이 피나고 고름이 나는 곳을 빨아 먹으려고 몰려든다. 쫓아도 쫓아도 다시 달려드는 파리 떼들은 상처를 덧나게 만든다.

발가벗고 마냥 신나게 뛰어 노는 2~3살 어린아이들도 여기저기 상처투성이이다. 그래서 아이들이 있는 곳엔 항상 파리떼가 있다. 나는 비상 구급약을 늘 가지고 다니다가 상처 난 아이들을 볼 때마다 약을 발라주고 반창고를 붙여준다. 그놈의 파리떼가 달라붙지 못하게 한 것만으로도 속이 시원했다.

살이 찢어져 피가 나는 부위나 곪아 터져 고름이 줄줄 흐르는 상처에 항생제 연고를 이삼 일 정도 발라주면 금방 살이 꾸둑꾸둑 하고 아물어 상처가 덧나지 않고 잘 낫는다. 죽을 것같이 크게 아프지 않고서야 병원에 가면 치료비에 약값까지 비용이 많이 들기에 웬만한 작은 상처들은 나뭇잎 같은 걸로 응급처치만 하고 만다. 원주민 아이들은 약이란 것을 별로 사용해 보지 않았기에 그야말로 약발이 기막히게 잘 듣는 것 같다. 또 외국인이 직접 치료해 주었기 때문에 더 빨리 낫는지도 모른다. 치료에는 심리적인 힘이 크게 작용하는 법이니까.

성인 원주민들에겐 위장병이 많다. 아침, 점심은 과일 등으로 대충 때우고 저녁을 배불리 먹는 식습관 때문이다. 배탈 나거나 속 쓰린 것은 소화제나 위장약 한 알이면 웬만큼 해결된다. 이빨이 썩어서 생기는 치통이나 허리, 무릎, 신경통 같은 병들은 모두 진통제 한 알로 해결된다. 금방 죽을 듯 숨이 넘어가던 사람도 통증이 가라앉고 나면 희희낙락이다. 꼭 병원에 가보라고 일러주지만 돈이 없기에 병원에 가는 일은 거의 없다.

아프다고 또 오면 모른 척하며 절대 약을 주지 않는다. 한 번도 같은 사람에게 약을 두 번 준 적은 없다. 내가 해줄 수 있는 것은 단 한 번의 응급처치일 뿐이다. 복용약을 반복해서 사용하면 부작용이 있기 때문이다. 다만 어린아이들의 상처는 깨끗이 소독하고 연고를 발라주고 반창고를 붙여주는 것이기에 나을 때까지 계속 치료해 준다.

깊은 오지일수록 다치거나 아픈 원주민들이 많다. 병원이 없어서 상처가 나면 대충 비닐봉지를 찢어 감싸고 다니는 것을 많이 볼 수 있다. 다친 상처에 나뭇잎을 붙이고 비닐봉지로 대충 싸매고 다니는 것을 볼 때마다 가만 있을 수가 없었다. 비닐봉지를 벗겨내 보면 공기가 통하지 않은 상처 부위는 살이 허옇게 퉁퉁 부어 있었고, 나는 그저 소독하고 항생제를 발라주고 붕대로 감아줄 뿐이다.

맨발로 다니기에 발바닥이 깨진 병에 베이거나 뾰족한 돌이나 나뭇가지 등에 찢겨 상처 나는 일이 많다. 지방에 갈 때마다 구급약품을 항상 가지고 다니다가 다리를 절뚝거리고 다니는 사람을 보면 치료를 해주었다. 이렇게 몇 명만 치료해 주면 금세 소문이 나서 오후쯤엔 마을의 모든 환자들이 다 몰려든다. 가지고 다니는 약이 구급약 수준이라 충분하지 못하고 내가 의사가 아니라서 그들을 일일이 다 돌봐주지 못해 미안할 뿐이다.

이곳에서 활동하고 있는 김 신부님이 한국 성당에서 보내준 구급약품을 나눠주셔서 참으로 소중하게 사용하고 있다. 신부님은 농담 삼아 약발은 이렇게도 잘 받는데 하나님 말씀은 왜 그리도 안 받는지 모르겠다고 하신다.

우리 집 경비원은 가까운 곳에 있는 원톡 변호사 집 뒤쪽에다 급조된 판잣집 같은 것을 2채 지어 살고 있다. 10년 전쯤에는 혼자였으나 취직을 하고 정착을 하게 된 후 가족들을 불러들여 지금은 10

남태평양의 '또라이'

여 명의 식구들과 함께 살고 있다. 나는 그들의 담당 의사가 되어버렸다. 낯선 도시 생활에 돈이 없는 그들은 다치거나 몸이 아프면 병원에 가지 못하고 나를 찾아와 도움을 요청하기에 항상 약을 주고 치료해 주었기 때문이다.

60이 훨씬 넘은 경비원의 장인이 다리를 절뚝거리며 찾아온 적이 있었다. 넘어져서 무릎이 깨졌는데 방치해 무릎 전체가 부었고 상처는 곪아 있었다. 고름을 짜주고 소독한 후 항생제 연고를 발라 붕대로 감아주고 매일 아침 오라고 하여 치료해 주었다. 얼마 후 다 나았는지 싱글거리며 동네를 잘도 다녔다. 나만 보면 부아이를 씹던 시뻘건 입으로 씩 하고 웃으며 반가워한다. 고맙다는 표시다.

이렇게 이곳에서는 구급약 몇 가지, 아니 항생제 연고 단 하나만 있어도 반의사가 되어 많은 어린아이와 노인 들의 상처를 치료해 줄 수 있다. 요즘은 한국의 여러 단체에서 전 세계 이곳저곳으로 봉사를 간다고 한다. 명분을 위해서, 경험을 위해서, 휴머니즘을 위해서 요란하게 시작들을 하지만 실제 얼마나 도움을 주고 있는지는 잘 모르겠다. 결국은 다 자기 자신들을 위한 일일 뿐인 것 같다.

당장 빵 한 조각이 없어 굶어 죽어가는 이들과 약이 없어 고통당하는 불쌍한 이들에게는 그 어떤 명분도 소용없다. 무슨 대단한 명분을 위해선지는 모르겠지만 정부에서 가지 말라는 곳을 엄청난 돈 들여 굳이 수십 명씩 몰려가서 희생만 당하고 전 국민의 가슴을 졸

맨발의 원주민 아이들. 아이들은 여기저기 상처투성이이다. 그래서 아이들이 있는 곳엔 항상 파리떼가 있다.

이게 만든 몰지각한 사람들 때문에 너무도 안타깝다. 절대적인 도움이 필요한 사람들은 이 세상에 얼마든지 있다. 그런 사람들에게는 아주 작아도 실질적인 관심과 도움이 절실하다. 약은 약발이 잘 먹힐 때 써야지 잘못하면 독이 된다는 진리를 잊지 말아야 한다.

자원봉사

　파푸아뉴기니에는 많은 외국인 자원봉사자들이 활동하고 있다. '볼룬티어(volunteer)'라고 불리는 자원봉사자들에게 자기희생은 기본이다. 그들은 어떠한 대가도 바라지 않는다. 봉사하는 것에서 보람을 느낀다. 세계 각국에서 젊은이들은 물론 정년퇴직 한 사람들까지 의료, 교육, 문화 등 다양한 분야에서 많은 사람들이 봉사활동을 하고 있다. 이곳 사회는 대부분 자원봉사 활동으로 지탱되고 있다고 해도 과언이 아니다.

　이들에 비할 바는 아니지만 나도 4년간 골프장에서 자원봉사 활동을 했다. 파푸아뉴기니 골프장은 국가에서 무상으로 땅을 대여해 주면 운영은 회원들끼리 해나간다. 그러니까 회원이 주인인 것이다. 그래서 매년 운영하고 관리하는 자원봉사자인 관리이사를 선발한다. 지원자들 중에 회원들이 선발하는데, 관리이사가 되면 1년간은 의무와 책임감이 뒤따른다. 1년 동안은 휴가도 가지 못한다.

하겐 골프장은 마운트하겐 타운에서 10분 정도 거리에 위치한 공항 옆에 있다. 회원이 된 지 6년쯤 됐을 때 시간이 좀 있어 업무가 끝난 오후에 연습할 수 있었다. 매일 골프장을 들락거리니 많은 회원들이 관리이사를 해보라고 하였으나 자신이 없었기에 다음에 해보겠다고 했다.

좋은 일이든 나쁜 일이든 함께할 수 있는 동료가 있으면 더욱 신나게 일할 수 있는 법이다. 인도에서 온 데릭이란 친구가 골프를 새로 시작하여 일이 끝나는 늦은 오후에 거의 매일 골프장에 왔다. 자연스럽게 함께 연습하게 되며 친해졌다. 그래서 그 다음해에 데릭과 함께 골프장 관리이사의 일을 수락했다.

데릭은 모든 자금 관리를 맡았고 나는 골프장 코스를 관리했다. 잔디를 깎고 살충제를 뿌리는 등 골프장 코스와 장비의 관리, 유지, 보수가 주 임무였다. 그 다음해에도 계속 관리이사를 맡았다. 2년째에는 골프 경기를 주관하는 경기 관리이사를 했다. 경기 관리이사는 회원들의 핸디캡을 관리하고, 시합을 주관·진행하고, 경기장 상태에 따라 로컬룰(Locale Rule)을 정하고 경기 스코어를 관리했다. 관리이사 3, 4년 차에는 골프장 운영 전반을 관리하는 회장단으로 활동하였다.

회원들은 대개 주말에 골프장에 와서 즐기는 주말 골퍼들이다. 주말 골퍼 회원들의 바람은 주말에 좋은 골프 코스에서 즐겁게 골프를 즐기는 것이다. 좋은 골프 코스를 만들고 가꾸어 나가는 일은 회원 스스로 할 수밖에 없다. 그렇기 때문에 누군가가 자원봉사로서 그 일을 하면 모든 회원들이 편안하게 즐길 수 있게 되는 것이다. 4년이나 골프장 자원봉사를 하면서 봉사와 자기희생이 무엇인지 조금이나마 알게 되었다.

한국에서도 자원봉사를 위해 이곳에 오는 사람들이 많다. 주로 한국 국제평화협력단(KOICA) 소속의 청년들이다. 한번은 봉사하던 의사 한 명이 라스콜에게 봉변을 당한 적이 있었다. 그 일이 있고 나서부터는 한국 봉사단원들이 오질 않는다. 그러나 봉사활동을 하러 오는 종교인들의 발걸음은 끊이지 않고 있다. 열악하고 어려운 환경 속에서도 자신을 희생하는 참으로 대단하신 분들이다. 원주민들과 함께 먹고, 함께 자면서 때론 농부가 되어 농사 잘 짓는 법을 가르쳐 주고, 의사가 되어 상처 난 곳을 치료해 주고, 선생님이 되어 모르는 것을 가르쳐주고, 목회자가 되어 신의 말씀을 전한다.

이분들이 하시는 일은 그저 평범한 사회봉사활동일 뿐인 한인회 일이나 골프장 관리이사 일과는 차원이 다르다. 그것은 몸으로 직접 실천하는 희생적 봉사다. 종교적인 것은 잘 모르지만 그분들의 숭고한 희생적 봉사에는 언제나 감동을 받는다. 그분들이 가끔 업무나 식료품 등을 구입하러 마운트하겐 시내에 나오면 집에 모시고 밥 한 끼라도 대접하려고 노력한다. 그러면 그저 우리가 먹는 것에 숟가락 하나 더 놓는 것뿐인데도 미안해하고 고마워하신다.

  이기적인 삶에 허덕이며 살고 있지만 마음만이라도 항상 남을 위하며 감사하며 살고 싶다.

하겐 골프장. 내가 애용했던 이 골프장에서 나는 관리이사로 자원봉사를 했다.

동네 간이시장

마운트하겐에는 파푸아뉴기니 최대 야채시장이 선다. 바로 '오픈 마켓'이라는 노천 시장이다. 1600m 고산지라서 기후가 좋고 화산재로 이루어진 옥토인지라 모든 채소가 잘 자라기 때문에 채소는 언제나 풍부하다.

마운트하겐의 야채는 포트모르스비를 비롯하여 야채가 귀한 해변 도시에서는 10배도 넘는 비싼 값에 팔린다. 하겐타운 옆에 위치한 야채시장은 내가 살고 있는 뉴타운에서 차량으로 5분 거리이지만 걸어서 가면 30분 정도 걸린다.

주택단지인 뉴타운에는 관공서와 사무실 그리고 상가가 밀집해 있는 하겐타운으로 출퇴근하는 사람들이 많이 산다. 언제부터인가 우리 집 바로 앞 길가 작은 공터에 몇몇 아낙네들이 이것저것 채소

를 가지고 나와 팔기 시작하더니 이젠 제법 조그만 간이시장이 되었다. 타운에서 퇴근하고 집으로 가는 길목이기에 사람들이 많이 이용하더니 시장이 된 것이다.

물론 전국에서 제일 크고 유명한 하겐 오픈마켓에 가면 더 여러 종류의 채소를 더욱 싱싱한 것으로 싸게 구입할 수 있다. 그러나 대부분 늙은 아낙네들이 파는 노점상인 이곳 간이시장은 동네의 정이 오가고 편리하기에 많은 사람들이 이용한다.

매일 오후 2~3시쯤이면 여지없이 장이 선다. 머리에 매는 전통 바구니 큰 빌룸에 꾸무를 겨우 들 만큼 가득 담아 간이시장으로 온다. 장사하는 사람들에게는 관리비 명목으로 매일 돈을 내고 경쟁이 심한 하겐시장보다 동네 간이시장에서 장사를 하는 것이 훨씬 실속이 있다. 20~30여 명의 파는 사람들이 복작거리며 모여 들어 제법 시장 티가 난다. 그러면 공터는 역동적이고 떠들썩한 풍요로운 삶의 한 자리가 된다.

모든 채소는 천연 무공해이다. 비료나 농약을 사용하면 잘 자라 수확량이 좋아 소득이 좋아진다는 것은 잘 알지만 전문적으로 농사짓는 농장도 아니고 집 앞의 텃밭에서 소일 삼아 기르는 것이기에 비싼 수입 비료나 농약은 사용할 엄두도 못 내기 때문이다. 그래도 산비탈의 밭은 채소가 잘 자라 손이 모자랄 정도다. 우리 집에서도 무, 배추, 상추, 부추, 파 등을 한국에서 씨앗을 가져다 정성껏 키워 먹고 있다. 물론 농약 한번 안 주고 키우는 무공해다.

　우리 집에 근무하는 야간 경비원이 좌판을 뚝딱거리며 만들어 집 앞에다 펼쳐놓고 낮에 부아이를 팔기 시작했다. 밤에는 경비를 서고 낮에는 장사를 하더니 며칠이 지나자 마운트하겐에서 얻은 두 번째 부인에게 좌판을 넘겨주고 장사를 하게 했다. 집 앞 간이시장 한쪽 귀퉁이에 자리를 잡고 담뱃잎을 사다가 하루 종일 잘게 잘라 신문지로 말아 까치담배를 만들어 팔게 했다. 자기가 경비를 서는 집 앞이라고 텃세를 하고 미리 자리를 잡은 것이다. 동네 간이시장이 부업 돈벌이 기회를 준 것이다. 하루에 순익이 5~10키나(2천~3천원) 정도 되어 제법 짭짤했다. 경비원 한 달 급료가 10만원 정도인 걸 생각하면 꽤 큰 돈벌이인 것이다.

　직업이 없고 일거리가 없는 원주민들은 시장이 좋은 구경거리이다. 오후가 되면 온 동네 사람들이 다 간이시장으로 모인다. 모두 정겹게 인사를 나누고 두런두런 이야기를 나눈다. 그리고 간이시장의 다양한 주전부리를 사 먹으면서 즐겁게 시간을 보낸다.

　내가 간이시장에 나가서 이것저것 사면 외국인이 조그만 시장에서 물건을 사는 것이 신기하기도 하고 감사하기도 한가 보다. 나는 한 할머니 앞에 쭈그려 앉아서 옥수수도 사고 고구마도 사서 그들이 보는 앞에서 일부러 맛있게 먹기도 하고 흥정도 한다.

　껍질을 하나도 벗기지 않은 옥수수를 통째로 삶아서 파는데, 강

원도 찰옥수수처럼 쫄깃쫄깃 한 것이 참 맛있다. 고구마는 껍질을 벗겨 은온힌 불에 구워시 판다. 마시 우리나라 군고구마 같다. 금지막한 것 하나에 100원 정도 한다. 값도 싸고 맛도 일품이다. 안면이 있는 동네사람들과 나를 보호한답시고 내 뒤를 우쭐대며 자랑스러운 듯이 따라다니는 경비원에게도 나눠줘 잔치를 하듯 다 함께 맛있게 먹는다. 내가 사주는 것이 고마운지 덤을 많이도 준다. 사양을 해보지만 소용이 없다. 인심이 후하다.

내가 간이시장에 나타나면 항상 시장이 시끌벅적해진다. 나를 보러 많은 사람들이 나오기 때문이다. 그래서 나는 일부러 한적한 시간을 골라 간이시장에 간다. 시장은 삶이 살아 있는 현장이다. 따뜻한 마음과 행복을 느낄 수 있고 정을 느낄 수 있는 곳이다.

오후 늦은 시간이지만 아직은 뜨거운 태양에 혹어 소중한 꾸무가 팔리기도 전에 시들까 봐 원주민 아낙네의 물 뿌리는 손이 바쁘다. 손 가득 한 묶음을 인심 좋게 10 토야(35원) 동전 한 개 달랑 받고 넘겨준다. 적은 돈이지만 뿌듯해한다. 다 안 팔리면 어쩌나 마음 졸이지만 퇴근 시간까지 많은 사람들이 일부러도 사주기에 날이 저물기 전에는 항상 다 팔린다. 다 팔아 텅 빈 빌룸에 식구들 저녁거리 통조림 하나 사 넣고, 비탈길 꾸무 밭을 이리저리 살펴보고 내일 또 한 빌룸 가득 채워 나올 생각에 행복하게 돌아가는 원주민 아낙네들의 뒷모습에 정겨움이 감돈다.

남태평양의 '또라이'

나도 호박잎, 싸고잎, 청경채, 어린 콩껍질, 미나리, 깡꿍, 브로콜리 등을 한 바구니 가득 사 들고 양고기와 함께 푹푹 삶아 먹을 생각에 군침이 돈다. 흐뭇해진 마음으로 바라보는 적도의 황혼은 무척이나 황홀하다.

우리 동네 간이시장. 대부분 늙은 아낙네들이 파는 노점상인 이곳 간이시장은 동네의 정이 오가고 편리하기에 많은 사람들이 이용한다.

집주인 헤다

내가 살고 있는 집 주인인 헤다는 간호사이고 50이 다 된 과부이다. 무척 뚱뚱해서 걷는 모습이 불안하고 무릎도 아픈지 다리도 조금씩 저는 것 같아 안쓰럽다.

14년 전에 죽은 남편은 경찰서장이었다. 지금 있는 집은 남편이 받은 관사를 물려받은 것인데, 집터가 한 2천 m²(600여 평) 정도로 넓다. 그래서 뒤쪽에다가 조그마하게 집을 짓고 따로 대문을 내어 자신이 살고 앞쪽의 큰집은 나에게 세를 준 것이다.

우리가 이 집에 이사 오게 된 것은 나의 맹장염이 계기가 되었다. 내가 병원에 입원하였을 때 나를 돌봐준 간호사가 바로 헤다였다.

크리스마스 휴일에 아들과 함께 골프장엘 갔는데 몸이 영 좋질 않았다. 속이 거북한 것 같기도 하고 으슬으슬 춥기도 하여 억지로

9홀 반만 돌고 집으로 오고 말았다. 골프장에서 집에까지 10분 정도의 거리였는데, 그 10분 동안을 이기 떨려 '딱딱딱' 소리를 낼 정도로 떨었다.

감기몸살인 것 같기도 하고 급체인 것 같기도 하여 집에 돌아오자마자 손을 바늘로 따서 피도 내고 소화제와 감기약을 먹고 누워 있었으나 저녁때까지 계속 아팠다. 혹시 말라리아가 아닌가 싶어서 독한 키니네까지 먹었다. 저녁도 먹지 않고 누워 있었지만 상태는 점점 더 나빠졌다.

한국이라면 당장 병원에 갔겠지만 이곳은 병원에 갈 여건이 되질 않았다. 병원이 하나 있긴 했지만 워낙 낙후한지라 믿을 만하지 못했다. 차라리 헬리콥터나 비행기를 대절하여 수도 포트모르스비나 호주의 케언스로 가는 게 나았다. 실제로 얼마 전에 한 한국 사람이 피를 토해 비행기로 호주 케언스의 병원으로 간 적이 있었다. 다행히도 치료를 잘 받아 무사히 돌아왔다. 나도 혹시 그래야 되는 것인가 고민도 했지만 그 정도는 아닌 것 같았다. 좀 있으면 나아지겠지 하며 끙끙 앓으며 밤을 새웠다.

다음날 아침 일찍 도저히 참을 수가 없어 병원에 가기로 했다. 그러나 12월 26일은 '박싱데이'(Boxing Day)라고 해서 휴일이었다. 병원도 문을 닫았을 거고 의사도 없을 것이 뻔했다.

집사람이 너무 답답하니까 한국으로 전화를 해서 여러 사람에게

남태평양의 '또라이'

물어봤다. 그런데 처남댁이 혹시 맹장염일 수도 있으니 배를 꾹꾹 눌러보라고 알려줬다. 그 말에 따라 배를 눌러보니 엄청나게 아픈 것이 맹장염이 틀림없는 것 같았다.

같은 마운트하겐에 사는 식료품 도매상을 하는 한국인 친구가 현지인 의사 한 명을 잘 알고 있다며 주선해 주기로 해 현지 병원으로 가기로 했다. 의료 시설이 엉망인 현지 병원에는 가고 싶지 않았으나 어찌할 도리가 없었다.

현지인 의사가 진료를 하더니 급성 맹장염이라 급히 수술을 해야 한다고 했다. 과연 빈약한 시설인 이 병원에서 수술을 할 수 있을까 생각하니 불안했다. 현지인 의사도 믿을 수가 없었다. 그러나 선택의 여지가 없었다.

맹장수술은 아주 기초적인 수술이라니 별 문제 없이 잘할 수 있겠지 하며 애써 안심했다. 그런데 오늘은 휴일이라 수술팀을 구성할 수 없으니 수술은 내일 하자고 했다. 급성 맹장염이라 당장 수술해야 한다고 하더니 수술은 내일 한다고? 급성이라면 맹장이 터져 잘못될 수 있는 것 아니냐 물으니 응급조치를 취하고 진통제를 맞으면 내일 수술을 해도 아무 문제가 없다는 답이 돌아왔다. 의사가 이렇게 말하니 별 도리가 없었다. 병원에 입원을 하고 또 하루를 불안에 떨며 지낼 수밖에.

다음날 아침 10시에 수술을 시작했다. 마취에서 깨어나 보니 오

후 2시였다. 집사람이 하는 말이 수술하는 데 2시간도 더 걸렸단다. 아무튼 무사히 수술을 끝내서 다행이있다. 나음날 붕대를 갈 때 수술 부위를 볼 수 있었는데, 절개 부위는 10cm가 넘었고 봉합도 되지 않아 너무 놀랐다. 의사에게 '대체 어떻게 된 일이냐'고 물었더니 염증이 약간 생겨서 그런 거니 걱정 말라고 했다. 봉합을 하지 않은 것은 혹시라도 염증이 더 생길지 몰라서 그런 것인데 며칠 지켜보고 괜찮으면 봉합할 거라고 했다. 맹장이 터져 잘못된 것도 아니라면서 대개 2~3cm 정도 절개하는 맹장수술을 무슨 위암수술이라도 한 것처럼 해놓은 것이다.

봉합을 안 해 쩍 벌어져 있는 수술 부위를 본 뒤라 배에 힘을 주면 창자가 쏟아져 나올 것만 같아 불안해서 움직일 수도 없었다. 꼼짝 않고 있으려니 죽을 맛이었다. 게다가 병실도 식사도 마음에 안 들었다.

나는 외국인이라 특실에 입원해 있었다. 현지인들이 입원해 있는 일반병실은 하루 천 원 정도인데 특실은 1만5천 원이 넘으니 이곳 실정으로는 굉장히 비싼 편이었다. 그러나 그 특실이라는 것이 담당 간호사가 있다는 것뿐이지 냄새 나고 불결하기 짝이 없는 곳이었다.

입원실 중에서 오직 특실에만 매일 하루 세끼 식사가 제공되는데, 식사로 닭튀김, 돼지고기, 양고기, 쇠고기 스테이크 같은 것만 계속 나왔다. 체력이 떨어져 소화를 잘 못 시키는 환자에게 적당한 음식이 아니었다. 병원에서 나오는 식사는 한 끼도 먹을 수 없었다.

이런저런 불신으로 의사고 간호사고 다 꼴도 보기 싫어 그저 하루빨리 퇴원하길 바라고 있을 때 나를 담당했던 간호사가 바로 헤다였다. 헤다는 넉넉한 외모에 인심 좋은 순댓국집 아줌마 같았다. 헤다는 불신에 가득 찬 내 마음을 잘 알고 있기나 하듯이 항상 은은한 미소와 여유로움으로 나를 대했다. 그래서 나는 금방 헤다와 많은 이야기를 주고받게 되었다.

헤다는 이미 나를 알고 있었다. 헤다와 나는 뉴타운이라는 동네에 살고 있었는데, 알고 보니 세 집을 사이에 둔 가까운 이웃이었다. 나는 친하게 지내는 몇 명 이외에는 같은 동네 사람들을 모두 기억할 수는 없지만 헤다는 내가 외국인이기에 기억하고 있었다.

헤다는 포근한 넉넉함과 정다운 대화로 나를 안심시켰고 편안하게 해주었다. 원시 파푸아뉴기니에 이런 병원이라도 있어 아픈 사람을 치료할 수 있으니 정말 다행이다고 하며 아픈 사람들을 돌봐주는 간호사로 일하는 것이 너무도 행복하다고 했다. 헤다는 나의 잘못된 생각을 깨우쳐주었다.

나는 맹장염의 고통으로 화만 내고 불평만 하느라 나를 고통에서 벗어나게 해준 이들에 대해 고마워할 줄을 모르고 있었다. 현실을 직시하지 못하고 안일하게 이상만 바라고 있었다. 헤다의 도움으로 지금의 내 처지를 인식하고 깨달은 뒤에야 비로소 감사한 마음으로

편안하게 지낼 수 있었다.

입원한 지 3일이 지나 12월 30일이 되었다. 2일간 연말연시 휴일이란다. 봉합은 아직도 하지 않았지만 굳이 의사도 없는 병원에 있을 필요가 없을 것 같아 담당 의사에게 물어봤더니 상태가 좋으니 일단 퇴원하여 집에 갔다가 1월 2일 다시 입원해도 된다고 했다. 그래서 수술한 자리를 봉합도 안 한 상태로 임시 퇴원을 했다.

편안히 집에서 휴식하며 새해를 맞은 후 1월 2일 아침 병원에 다시 갔다. 의사가 상태를 보더니 아주 좋다며 봉합을 해주었다. 수술한 지 일주일 만에 한 해를 넘기고서 드디어 봉합을 한 것이다. 봉합을 했는데 굳이 입원을 안 해도 될 것 같아 의사에게 말했더니 일주일 후에 병원에 오면 된다며 집에 가도 좋다고 했다. 헤다가 일주일 분량의 약과 수술 부위에 붙일 붕대 등을 주었다. 수술을 해준 의사와 간호사 헤다에게 감사한 마음을 전하고 정식으로 퇴원을 하여 집으로 돌아왔다.

그러고 나서 1년 후에 살고 있던 집이 팔려 이사를 해야 하는 일이 생겼다. 오래 살았던 뉴타운을 떠나기가 싫어 집을 알아보고 있었는데, 경비원으로 일하는 우리 직원이 헤다네 집이 비었다고 알려주었다. 그렇게 해서 헤다네 집에서 살게 되었던 것이다.

헤다에게는 결혼할 때가 다 된 큰 딸과 대학 다니는 아들이 있었다. 죽은 남편과의 사이에서 낳은 자식들이다. 그런데 10살도 채 안

된 아이가 항상 엄마라 부르며 헤다를 따라다니기에 대체 누구냐고 물어보았더니 자기가 낳은 딸이란다. 아이 아빠는 죽은 남편의 동생이었다. 헤다는 간호사여서 돈을 잘 벌기에 다른 데로 시집을 못 가게 하려는 시댁의 조치였다. 대개 전통적으로 그렇게 한다고 했다. 그런데 얼마 전에는 결혼도 안 한 딸이 아이를 낳았다. 아이의 아빠는 헤다의 남동생이었다. 그러니까 헤다의 딸은 외삼촌의 아이를 낳은 것이다.

　헤다네 집에서 산 지도 벌써 이제 8년이 다 되어간다. 살면서 단 한 번도 헤다가 화내는 모습을 본 적이 없다. 가끔 방학 때 집에 온 아들이 돈을 더 달라고 물건을 부수고 난리를 쳐도 헤다는 사랑스런 아들에게 더 많이 주지 못해 안타까워할 뿐이다. 그 아들이 이젠 변호사기 되어 돈도 잘 벌고 결혼해서 아이들 낳고 잘 살고 있다. 딸이 낳은 아이는 부족에게 주었다. 딸을 시집보내는 잔칫날 기뻐서 밝게 웃는 헤다의 모습에서 눈 속에 맺혀 있는 설움의 눈물을 보았다.

　헤다는 오늘도 아픈 무릎을 절룩거리며 큰 몸집을 이끌고 병원으로 출근한다. 항상 행복해 보이는 헤다의 모습을 보며 삶에 대해 다시 생각해 본다.

집주인 헤다. 간호사인 헤다는 원시 파푸아뉴기니에 이런 병원이라도 있어 아픈 사람을 치료할 수 있으니 정말 다행이다고 하며 아픈 사람들을 돌봐주는 간호사로 일하는 것이 너무도 행복하다고 했다.

내 친구 가와이

금요일 저녁 집에 돌아오니 아이들이 아빠 친구 가와이가 죽었다고 한다. 깜짝 놀랐다. 며칠 전에도 우리 집에 와서 밥을 먹고 간 친구가 갑자기 죽다니 도저히 믿어지지 않았다. 가와이의 딸 3명이 모두 우리 아이들과 같이 마운트하겐 국제학교에 다니고 있었는데, 어제 목요일 오후에 아빠가 돌아가셔서 오늘 학교에 오지 않았다는 것이다. 가와이 모리가 죽었다니 청천벽력 같은 일이었다.

외국에 나오기 전에 나는 한국에서 조그맣게 '집장사'로 불리던 주택건설업을 하고 있었다. 그러다가 한국의 부동산 경기가 나빠져 1989년 콘도미니엄 건설 일로 사이판에 간 것이 내가 외국을 처음 나간 것이었다.

1년 넘게 사이판에서 지내면서 마셜제도, 솔로몬제도, 파푸아뉴

기니 등 남태평양 일대 작은 섬들에 대한 정보를 접하게 되었다. 나에게 남태평양은 죽기 전에 꼭 가보고 싶은 환상적인 곳이었다.

그러다 1991년에 도로공사와 국영전력회사 관사 건설공사 일로 파푸아뉴기니에 처음으로 왔다. 작은 건설업을 하는 6개 회사들이 모여 컨소시엄 형태로 사업을 추진하기 위해서였다. 일개 작은 회사로는 어려운 점이 많았기에 힘을 합해 사업을 해보자고 했던 것이다. 이미 사이판에서 단합하여 좋은 결과를 얻은 경험이 있기에 의기투합한 6명이 파푸아뉴기니에 오게 되었던 것이다. 그중 내가 제일 나이가 어렸기에 파푸아뉴기니 공사 현황과 여건, 수익 측면 등 여러 가지를 조사하였으나 상황과 여건 들이 여의치 않아 포기할 수밖에 없었다.

그러나 그냥 돌아가기에는 아쉬움이 컸다. 그것은 내가 이 나라에서 많은 것들을 좋게 느꼈기 때문이다. 신발은 거의 안 신으며 몸에선 지독한 냄새가 나는 원주민들에게서 정겨움을 느꼈다. 무엇보다 미국 달러보다 비싼 이 나라 키나라는 돈이 무척 매력적이었다. 처음 공항에서 환전을 하는데 미국 돈 100달러를 주었더니 이 나라 돈 81키나를 내주었다. 원화로 치면 달러는 700원 후반대였는데 키나는 800원대였던 것이다. 이 나라에서 돈을 벌면 꽤 괜찮겠구나 하는 생각이 들었다.

한국으로 돌아간 지 2개월 만에 혼자서 담요, 코펠, 버너 등 등산용 장비를 챙겨서 파푸아뉴기니에 다시 오고 말았다. 항상 미지의 세계이며 무한한 가능성이 있는 외국을 동경했던지라 이곳이 식인종이 살고 있고 라스콜들이 설치는 무서운 나라인 줄 너무도 잘 알면서도 오지 않을 수 없었다. 호기심과 모험심의 '또라이' 정신이 있었기 때문인지도 몰랐다.

　물설고, 낯설고, 말 설은 파푸아뉴기니에는 아는 사람이라곤 한 명도 없었다. 사이판에서의 경험은 있지만 영어도 제대로 할 줄 몰랐고, 어떻게 사업을 시작하는지는커녕 체류 비자를 어떻게 받아야 할지도 전혀 모르는 상태였다.

　15일짜리 방문비자와 3천 달러가 내가 가진 전부였다. 한번 와봤다는 경험과 공사 여건 등을 조사하면서 알아두었던 마운트하겐에 대한 정보가 전부였다. 커피의 집산지이며, 금광이 많고, 유동인구가 많아 수도 포트모르스비보다는 경제 발전의 가능성이 높다는 마운트하겐이 건설업에는 최적지라 생각했다. 나는 마운트하겐을 선택했다.

　싸구려 모텔에 우선 숙소를 정하고 마운트하겐 시내를 걷다가 회계사 사무실을 발견했다. 무작정 들어가 이것저것 상담을 했는데 그때 만난 회계사 모린 모리가 바로 내 친구 가와이의 아내였다.

　회계사 사무실에 매일 들락거려 모린과 친하게 되었고 모린 집에 초대되어 갔을 때 가와이를 처음 만났다. 모린의 도움으로 회사를

만들고 집을 얻고 비자를 받고 한국과 파푸아뉴기니를 3번을 왕복한 후에야 파푸아뉴기니에서 사업을 할 수 있는 여건을 마련하였다. 그렇게 1992년부터 정착하여 지금까지 이곳 파푸아뉴기니에서 17년을 살게 되었던 것이다.

가와이는 마운트하겐에서 2시간 정도 떨어진 진부의 수와베라는 곳 부족의 부족장이었다. 1956년생이니까 나보다 2살이 많다. 가와이의 아버지는 이 나라 큰 정당 중의 하나인 국민당을 창설한 당수였다. 가와이는 특권층 집안에서 태어나 부유하게 자랐다.

1973년 10학년, 우리나라 학제로 치자면 고등학교 1학년을 마치고 호주 군에 입대하였으나 2년 만인 1975년 파푸아뉴기니가 독립하자 제대하고 돌아와 고등학교를 마저 마쳤다. 그 후 파푸아뉴기니 유일의 4년제 대학인 국립 파푸아뉴기니대학교를 졸업하고 공무원이 되어 상공부에서 근무했다. 상공부에서 근무하던 1982년 마운트하겐 출신 회계사이며 마운트하겐 최고의 미녀로 소문난 모린과 결혼을 하였다.

건설부로 옮겨 국장으로 근무하다가 퇴직하고 1988년부터 개인사업을 하였다. 이 나라 수상이 되겠다는 목표로 우선 국회의원에 출마하려면 선거자금이 필요했기에 돈을 벌려고 사업을 시작했던 것이다.

그의 사업은 중고의류 판매였다. 호주에서 폐품 의류를 무게로 달아 사와서 소위 '구제옷'으로 파는 것으로 수십 배의 이익을 올릴 수 있는 현지인만이 할 수 있는 최고의 사업이었다. 이렇게 쌓은 재력으로 가와이는 딸들을 모두 1년 학비가 4백만 원 정도 하는 국제학교에 보냈다. 그 딸들은 우리 아이들과 함께 학교를 다녔다. 현지인 학교는 일년 학비가 3만 원 정도이고 파푸아뉴기니 사람들의 월급이 평균 10만 원 정도인 걸 생각하면 3명의 자녀를 모두 국제학교에 보낸다는 것은 대단한 일이다.

마운트하겐에 정착하기 시작하여 나 혼자 집을 얻어 지내고 있을 때 가와이는 거의 매일 우리 집에 왔다. 함께 밥 먹고 이야기하고 점심은 물론 저녁까지 함께 먹고 밤늦게야 집으로 돌아가곤 하였다. 혼자 사는 내가 외롭고 무서울까 봐 일부러 밤늦게까지 함께 있어준 것이다.

가와이는 나에게 많은 것을 가르쳐주었다. 영어 회화도 가와이와 매일 대화한 덕분에 잘할 수 있게 되었고 피진어도 배웠다. 파푸아뉴기니의 모든 것, 사업에 대한 전반적인 정보들도 가와이가 가르쳐준 것들이다. 무슨 일이 생기면 가와이에게 의논하였다. 가족들이 오기 전까지 1년 반 동안 가와이는 그렇게 우리 집에서 나와 함께 지냈다.

1994년 우리 가족이 모두 이곳에 들어온 후에도 일주일에 최소 2~3번은 우리 집에 찾아와 식구들과 함께 지냈다. 180cm이 넘는

키에 100kg의 거구인 가와이는 먹는 것도 좋아하고 잘 먹었다. 한국 음식을 너무 좋아해서 가와이가 오시 않는 날에도 가와이가 좋아할 음식을 하면 우리 가족들은 이것은 가와이가 좋아하는 건데 가와이 있으면 잘 먹을 텐데 하고 얘기할 정도였다.

가와이는 그렇게 6년을 한 가족으로 우리와 함께 지냈다. 파푸아뉴기니의 유일한 친구이자 혈육과도 같은 사람이었다.

1997년은 5년마다 돌아오는 국회의원 선거의 해였다. 6월의 선거를 위해 1월부터 가와이는 출마 준비를 하고 있었다. 그런데 문제가 생겼다. 가와이는 중고의류 판매사업이 번창하여 매장을 세 군데로 늘렸다. 창고도 더 큰 것이 필요해 도심지 옆에 땅을 매입하여 대형 창고를 짓고 있었다. 또 현재 살고 있는 집 바로 앞에 땅도 사서 집을 새로 지을 계획이었다. 이런 일들로 가와이에게는 선거를 치를 만한 돈이 전혀 없었던 것이다.

회계사 일을 그만두고 가와이와 같이 일을 하던 아내 모린이 냉철하고 현명하게 판단하여 차기 선거인 2002년에 출마하기로 했다. 앞으로 5년간은 돈을 더 열심히 벌기로 하고 이번 선거는 포기하기로 했던 것이다. 가와이도 동의해 그렇게 결정했지만 너무도 아쉬워하였다. 술도 못 먹는 친구가 나를 불러내 취하도록 술을 함께 먹은 적도 있었다.

그 해 9월 가와이는 구입한 땅에 새 집을 짓는 공사를 시작하였다. 그는 우리 집을 뻔질나게 드나들며 전문가인 나에게 상의하여야 한다면서 이것저것 물어봤다. 집을 짓기 시작한 지 얼마 되지 않아서 가와이는 늦둥이 아들을 낳았다. 바라고 바라던 아들이었기에 가와이는 너무도 좋아하였다.

그런데 아들이 태어난 지 며칠이 지나지도 않은 1997년 9월의 어느 날이었다. 집을 짓던 공사 현장에서 가와이가 쓰러졌다. 심장마비였다. 가와이는 41살의 나이에 뜻도 펴보지도 못하고 너무도 사랑했던 가족들을 남겨두고 그렇게 훌쩍 떠나버리고 말았다.

집사람과 나는 저녁에 가와이 집으로 달려갔다. 그러나 집에는 아무도 없었다. 늙은 노파 한 명만이 집을 지키고 있었다. 모두 모린의 마을에 갔는데 내일 아침에 온다고 했다. 모린네 마을은 마운트 하겐 타운에서 멀리 떨어져 있기에 밤에는 갈 수가 없었다.

집으로 돌아왔지만 허탈한 마음에 밤새 잠을 잘 수가 없었다. 밤새도록 집사람과 얘기를 하면서 꼬박 밤을 지새우고 아침 일찍 가와이 집으로 다시 갔다.

가와이 집에는 새벽 일찍 돌아온 사람들로 북적거렸다. 그 가운데 모린이 보였다. 우리를 보자 모린은 울었다. 집사람도 나도 모린과 함께 주저앉아 마냥 울었다. 평생 그렇게 울어본 적이 없다. 내 몸속에 있는 수분이 다 빠져나가 버린 것 같았다. 더 이상 파푸아뉴기니에 살 이유가 없어진 것 같았다. 다음날 장례를 치르고 가와이는 헬

기를 타고 고향 마을에 묻히기 위해 내 곁을 영원히 떠나버렸다.

　내가 너무도 외로웠을 때 내 곁에 있어주었고 힘들었을 때 나의 가장 큰 힘이 되어주었던 파푸아뉴기니의 유일한 나의 친구, 혈육과도 같은 내 친구 가와이 모리를 나는 그렇게 잃었다. 이제 파푸아뉴기니에는 아무도 없다. 한동안 모든 것을 포기하고 파푸아뉴기니를 떠나고 싶었다. 가와이가 없는 파푸아뉴기니는 나에게 의미가 없었다.

　가와이가 죽고 벌써 10년이 흘렀다.
　경찰청 장관과 법무부 장관을 지낸 비레 키미소파는 나와 절친했다. 바로 가와이 여동생의 남편, 가와이의 매제이기 때문이다. 나와 친한 친구처럼 잘 지내고 있는 파푸아뉴기니 현직 공무원들인 국세청장, 이민국 국장, 국가 변호사, 광산청 차관 등도 모두 기와이와 대학 동창으로 절친했다. 파푸아뉴기니에 사는 동안 모든 것이 가와이와 연결될 수밖에 없었다.
　가와이가 죽음으로써 내 인생이 많이 바뀌었다고 해도 과언이 아니다. 사실 나도 정치적인 야심이랄까 아니면 공상이랄까 그런 것이 조금 있었다. 가와이가 아버지의 대를 이어 이 나라 큰 정당인 국민당의 당수가 되고 국회의원이 되면 장관도 했을 것이고 세를 늘려 수상도 할 수 있었을 것이기에 나도 나름대로 꿈을 꾸었다. 이 나라 국적을 취득하여 국회의원이 되고 장관이 되어보고자 했던 것이다.

남태평양의 '또라이'

가와이가 그렇게 될 수 있다고 옆에서 많이 격려해줬고 우리 서로 그렇게 되어 보자고 다짐하기도 했다. 가와이가 죽는 바람에 모든 것이 일장춘몽이 되어버리고 말았다.

모린은 지금도 열심히 중고의류 사업을 하고 있는데 여전히 돈을 잘 벌고 있다. 세 딸들은 모두 호주에 유학 중이다. 가와이의 막내 여동생이 호주에 살기에 그곳에서 함께 살면서 2명은 대학에, 1명은 고등학교에 다니고 있다. 막내아들은 엄마와 함께 마운트하겐에 살면서 국제학교에 다니고 있다.

모린을 만나면 가와이 생각을 하게 되어 나도 집사람도 모린도 서로 눈물을 글썽이기 일쑤다. 서로 가슴만 아프기에 요즘은 가끔 만날 뿐이다.

지금은 가와이 말고도 많은 현지인들과 친하게 지내고 있다. 그 중에는 정말 괜찮은 친구들이 있지만 어쩐지 가장 친한 친구로는 받아들여지지가 않았다. 내 마음속 한구석에 영원히 자리 잡고 있는 가와이를 밀어내는 것 같고 배신하는 것 같아서이다.

가와이 모리, 진정한 파푸아뉴기니의 원주민, 하겐의 다른 부족들이 두려워했던 진부 수와베 부족의 족장, 내 마음속에는 오직 이 가와이 모리만이 파푸아뉴기니의 유일한 현지인 친구일 뿐이다.

족장 중의 족장

커피농장 주인 로버트 푸리는 마운트하겐 지가 부족의 족장이며 근방에서 가장 땅을 많이 소유하고 있는 대지주다. 개인 소유의 커피농장이 300헥타르(약 90만 평), 부족 소유의 농징이 200헥타르(약 60만 평), 전부 500헥타르의 커피농장을 운영하고 있다. 18홀 정규 골프장을 짓는 데 필요한 땅의 면적이 20~30만 평 정도, 500헥타르의 면적이면 골프장 5, 6개를 짓고도 남는다. 그 넓이가 어느 정도인지 짐작이 갈 만하다.

파푸아뉴기니의 수상을 3번씩이나 역임했던 바이스 윙티가 로버트 푸리와 같은 부족이며 초등학교 때부터 절친한 친구다. 그가 수상 시절에 친구인 로버트 푸리를 위해 은행에 보증을 서주고 많은 돈을 대출해 주어 지금처럼 커다란 커피농장을 할 수 있었다.

지가 부족은 마운트하겐에서 제일 크고 유명한 부족이다. 파푸아뉴기니가 독립하기 이전인 1960년대부터 독립 이후인 1970년대 말까지 20여 년간을 파푸아뉴기니 하일랜드 지방을 석권한 가장 강한 부족이었다. 몇 년 전에 그 당시 지가 부족의 족장이었던 존 라푸라가 70여 세의 나이로 사망하여 장례식을 했는데 엄청난 규모의 장례행사였다.

파푸아뉴기니 족장 중의 족장이라 칭하였던 최고의 족장이었기에 장례기간이 한 달을 넘었고 전직 수상 3명과 현직 수상이 참석한 것은 물론이며 국회의원들을 비롯한 파푸아뉴기니 부족장들이 거의 참석하였다. 각 부족들이 차량 수십 대에 나누어 타고 수십 마리의 돼지를 가지고 와서 조문을 했는데, 신문에 매일 오늘은 어떤 부족의 몇 명이 몇 마리의 돼지를 가지고 와서 조문을 했다는 기사가 실렸다.

한 달 정도의 장례기간 동안 총 2천여 마리의 돼지를 잡았다. 돼지 한 마리를 잡아 얌, 따로, 고구마 등 각종 야채와 함께 전통 음식 무무를 만들면 보통 100명은 먹을 수 있다. 그러니 2천 마리의 돼지를 잡아 무무를 마련하였다면 아무리 적게 잡아도 20만 명 정도가 먹을 수 있으므로 하루 평균 7천여 명이 장례식 음식을 먹었다는 계산이 나온다. 장례행사가 얼마나 대규모였는지 미루어 짐작할 수 있다. 지가 부족은 가히 파푸아뉴기니를 대표할 만한 부족이다.

하겐 골프장의 지주이기도 한 로버트 푸리와는 골프장 관리이사를 함께하면서 친해졌다. 한국음식도 무척 좋아해서 우리 집에 자주 왔던 로버트 푸리가 하루는 자기 집에 초대를 했다. 토요일 오전 10시쯤 자기 마을에서 큰 행사가 있는데 꼭 오라고 했다. 무슨 행사인가 물어보니 자신이 직접 교회당을 크게 새로 지어서 교회에 헌납하는 행사란다.

친하게 지내는 현지 원주민들로부터 마을에 행사가 있을 때마다 초대를 받곤 했지만 안전 문제도 있고 가봐야 무무 파티나 할 것이 뻔한데다 오랜 시간 뙤약볕에 있어야 하는 것이 힘들어 가지 않은 적이 더 많았다. 그러나 지가 부족과는 로버트 푸리를 비롯하여 전직 수상을 지낸 바이스 윙티, 경비회사를 하고 있는 족장 중의 족장 존 라프라의 아들 윌리 마키, 에너지 장관 윌리엄 두마 그리고 파푸아뉴기니 국가은행위원회 위원장을 지낸 그랜 쿤디 등 그 행사에 관련된 많은 사람들과의 친분 때문에 이번엔 참석하지 않으면 안 되었다.

토요일 아침 지가 부족의 마을로 갔다. 개인적인 행사이기에 그저 그렇겠지 했는데, 그 규모가 엄청나 깜짝 놀랐다. 마을 입구부터 꽃으로 장식되어 있었고 수천 명의 마을 주민들이 모두 모여 있었다. 한쪽에서는 북과 호루라기 소리에 맞춰 행진을 하고, 또 다른 쪽에서는 전통 춤 씽씽을 추는 등 온 마을이 축제였다. 초대손님 30여 명이 연단에 마련된 의자에 앉았다.

　마을 어린이, 청소년, 아낙네 들이 각 집단별로 합창대회를 하듯 초대된 손님들을 위해서 축하공연을 하였다. 축하공연이 끝나고 새로 지은 교회로 이동하여 테이프를 자른 후 간단히 예배를 했다. 초대 손님들은 로버트 푸리의 집으로 가서 준비된 무무로 점심을 먹었다. 오늘 행사는 제칠일안식일교회 헌납이었으므로 돼지 대신 소를 수십 마리를 잡아 무무를 마련하였다. 제칠일안식일교회에서 돼지는 불결한 동물이라 하여 먹지 않기 때문이다. 수천 명의 마을 사람들이 모두 함께 잔치 음식을 먹었다.

　파푸아뉴기니 전통대로 초대된 손님들은 잔치 음식인 잔치를 위해 잡은 쇠고기와 바나나, 파인애플, 양배추, 파, 오이 등 그들이 농사지은 농산품들을 한 아름씩 선물을 받았나. 생존의 기본인 식량을 나누어 먹음으로써 깊은 우애를 다지는 그들의 전통이었다. 수백 명도 아니고 수천 명의 부족원들이 어떻게 그렇게 함께 먹고 함께 즐기고 한마음이 되어 행사를 할 수 있는 것인지 그저 감탄스러울 뿐이었다.

　부족 전체를 움직이는 힘은 땅의 힘이다. 땅은 생존의 원천인 식량과 삶의 터전을 제공하기에 땅은 생존과 힘의 원천이다. 툼부나(조상)로부터 물려받은 그 땅으로 대단위 커피농장과 소를 키우는 목장, 1년 내내 알찬 열매를 수확하는 질 좋은 농토로 만들어서 전

지가 부족의 원주민들. 지가 부족은 마운트하겐에서 제일 크고 유명한 부족이다.

부족이 먹고살고 있기에 모두 마음을 모아 더불어 살아갈 수 있다.
 절대 자신의 이익만을 취하지 않고 항상 부족을 위해 일하고 모든 부족원들과 함께 먹고 함께 생활하는 로버트 푸리는 부족 중의 부족이라 불리던 2백만 고산지방 최고 부족인 지가 부족의 진정한 지주다.

자식 덕

　말 설고 물선 남의 나라에서 호구지책을 일구는 일은 고달프고 힘든 일이다. 그러나 사는 곳이 어디라는 것은 그리 대단한 문제가 아니다. 십수 년의 이민 생활로 한 가지 깨달은 게 있다면 피부색이 다르고 언어와 풍습이 다르고 심지어 계절마저 반대일망정 사람 사는 일상은 결국 거기가 거기라는 것이다. 마음의 여유가 있다면 어디서든 항상 행복할 수 있다.
　우리 집안에는 외국에서 살고 있는 사람이 많다. 큰 형님, 작은 집이 모두 미국에서 살고 있다. 처가 쪽도 이민 가서 살고 있는 친척들이 많다. 집안에서 누가 외국을 가면 줄줄이 외국으로 나가게 되는 것 같다. 외국에서 살고 있는 친척들이 이민을 결정한 가장 큰 이유는 자식들의 교육이었다. 한국에서는 대학 가는 것이 전쟁 같고 그것 때문에 아이들이 너무도 큰 고통을 받는 것이 안타까웠다는 것이다. 자식이 편히 잘살 수 있는 길이 있다면 본인들은 기꺼이 고생을 감수할 수 있었던 것이다.

우리도 이와 많이 다르지 않았다. 딸아이가 초등학교 2학년, 아들이 유치원생으로 이제 막 한국말을 익히고 사회라는 것에 적응하며 인생을 시작하려 할 때 이곳에 왔다. 처음 아이들은 엄마 손을 놓지 않으려 했다. 성격이 명랑하여 노래를 시키면 그렇게도 잘하던 아이들이 말수가 적어졌다. 시꺼먼 아이들과 노랑머리 하얀 아이들이 친구라는 것을 알기까지 3개월이 넘게 걸렸다. 6개월이 되면서 조금 나아지기 시작하더니 1년이 지나니 걱정을 놓을 수 있었다.

딸아이는 적응이 조금 더 빨랐다. 1학년으로 학교를 시작했지만 곧 2학년으로 월반했다. 영어를 제법 한다 싶더니만 하루는 이런다. "아빠, 나는 엄마가 영어 잘하는 줄 알았어요." 무슨 말이냐고 물으니 처음 이곳에 올 때 비행기 안에서 엄마가 영어로 주스도 더 달라 하고 담요도 달라고 하기에 영어를 잘하는 줄 알았는데, 이제는 엄마 영어가 엉터리인 것을 알겠단다. 발음이 영 이상하기 때문이었다. 이곳은 영연방 국가인지라 국제학교 선생님들이 대부분 영국인이나 호주인이다. 그래서 영어 발음이 모두 영국식이다. 그러니 미국식 발음을 한국말로 일일이 써가면서 배운 우리 세대 영어가 이상하게 들렸을 것이다. 아이들은 그렇게 학교생활에 잘 적응해 나갔다.

그렇지만 아이들 혼자서는 밖에 나가지 못했다. 학교는 물론이고 친구의 생일잔치처럼 특별한 일로 나갈 때에도 반드시 차로 데려다 주고 데리고 왔다. 어른도 혼자 걸어다니면 위험한 이 나라에서 달리 도리가 없었다. 아이들은 그야말로 집안에 갇혀 키워졌다.

마운트하겐에는 하겐클럽이라는 외국인 전용 클럽이 있다. 거의 매주 주말 저녁 하겐클럽에서 파티가 열렸다. 어른들은 아이들만 집에 남겨 둘 수 없어 꼭 아이들과 함께 왔다. 모든 외국인들은 다 그랬기에 늦은 시간이면 하겐클럽 한구석은 잠든 아이들 차지였다. 우리 아이들은 하겐클럽과 나랑 주말이면 가는 골프장을 놀이터로 알고 자랐다.

국제학교는 1년을 4학기로 분기별로 나누어 수업을 한다. 학비도 분기마다 납부하는데 보통 저학년이면 평균 400만 원 정도 든다. 그러니까 3개월마다 100만 원씩 납부하는 셈이다. 학비가 비싼 만큼 잘 가르친다는 생각이 든다. 분기마다 주제를 정해놓고 집중적으로 가르친다. 예를 들어, 이번 분기에 사람이라는 주제를 정했다면 국어 시간엔 사람에 대하여 이야기하고, 과학 시간엔 사람은 어떻게 이루어졌고 어떻게 생겼는지 알아보는 식이다. 수학, 미술, 체육 시간의 내용도 이렇게 이루어진다.

분기마다 수업이 끝나면 학부모들을 초청해서 아이들의 학습 사항을 자세히 설명해 주고 가정에서 해줘야 할 일을 알려준다. 가정과 학교가 하나가 되는 교육 방식이다. 교재는 따로 없어 아이들은 중간 휴식시간인 티타임에 먹을 간식과 자기가 가지고 놀 장난감만 가지고 다닌다. 점심은 대부분 집안일을 도와주는 현지인 가정부들이 점심시간에 맞춰 따로 가져다준다.

    선생님들은 교육에서는 훌륭할지 모르지만 매몰찼다. 학비는 학기가 시작하는 날까지 내야 하는데, 학비를 못 내면 가차 없이 학교에 못 오게 한다. 우리는 분기마다 200만 원씩 납부해야 했다. 결코 적은 돈이 아니다. 사업이 어려운 때도 있었기에 학비를 못 낸 적도 있었다. 선생님에게 사정을 얘기하고 며칠 내로 내겠다고 약속해 아이들을 학교에 보냈다. 그런데 며칠 후 학교 끝나고 아이들을 데리러 갔더니 아이들이 울고 서 있었다. 교장 선생님이 학비 안 냈다고 내일부터 학교에 오지 말라고 했다는 것이다.

    어떻게 교장이 아이들에게 학교 오지 말라는 소리를 할 수 있는지 화가 나서 당장 교장을 만났다. 따지듯 물었더니 모든 것은 돈을 안 낸 당신 잘못이라며 학비를 안 내면 학교를 못 다니는 건 당연한 것이라고 했다. 그걸로 끝이었다.

    아이들에게 너무 미안했다. 부모로서 아이들에게 못 할 짓을 한 것 같아 괴로웠다. 마음 같아서는 그 인정머리도 없는 학교에 안 보내고 싶었지만 그럴 수도 없어 어렵게 학비를 마련하여 아이들은 초등학교와 중학교를 그곳에서 다닐 수가 있었다.

딸이 중학교를 졸업하고 나니 고등학교가 문제가 되었다. 하겐 국제학교에는 고등학교 과성이 없었기 때문이다. 친구들이 모두 가까운 호주로 고등학교를 가니 딸도 그렇게 하고 싶어했다. 그러나 호주로 학교를 보낼 형편이 되질 못했다. 딸아이에게 또 큰 상처를 주고 말았다.

사실은 경제적인 여건이 된다면 호주보다는 미국으로 보내고 싶었다. 호주의 교육 수준도 그리 높은 수준은 아니었기 때문이다. 결국 마운트하겐에서 2시간 떨어진 곳에 있는 파푸아뉴기니에서 제일 좋은 국제고등학교에 가기로 했다. 그 학교는 미국 교회재단에서 운영하는 하일랜드 루트런 인터내셔널 하이스쿨(Highlander Lutren International High School)이었다. 그러나 집에서 너무 멀기에 기숙사 생활을 할 수밖에 없었다.

딸은 그 학교에 가기 싫어했다. 친구들과 함께 호주로 못 간 것도 서러운데 정글 속에서 혼자 기숙사 생활을 해야 한다니 무인도로 유배 가는 심정이었을 것이다. 우리도 다 큰 여자아이를 기숙사에 보내는 것이 탐탁지 않았다. 그러나 학교에 가서 시험을 치르고 선생님들과 인터뷰를 하면서 나와 딸의 마음은 바뀌었다. 교장 선생님을 비롯한 선생님들은 미국인이나 캐나다인이었는데, 무척이나 친절했다. 교회재단에서 후원하기에 학교 시설도 무척 좋았다. 교장 선생님이 직접 설명해 주신 학교 운영방침과 교육방침 그리고 안전시설 등에 깊은 신뢰를 느낄 수 있었다. 그러나 학비는 비쌌다. 국제학교는 전 세계가 거의 비슷한 수준이었다. 기숙사비를 포함하여 1년에 700만 원이 훨씬 넘었다.

그동안 영국식 영어만 배웠기에 앞으로 이 학교에서 미국식 영어를 교육을 받으면 영어를 완벽하게 배울 수 있을 것 같아 더욱 좋아 보였다. 그렇게 딸은 기숙사 생활을 하게 되었다. 혼자 떨어져 지내는 것이 안타깝고 가슴 아파서 주말이면 딸아이에게 갔다. 군에 간 아들 면회 가듯 밥과 반찬을 해갔고 특별한 일이 없으면 집으로 데려와 주말을 함께 보냈다.

아들도 고등학교에 갈 때 딸과 똑같은 일을 겪었다. 친구들은 모두 호주로 진학했던 것이다. 그러나 아들은 누나가 다니는 학교에는 안 가겠단다. 호주에 못 갈 거면 그냥 현지 학교에 가겠다고 했다. 누나네 학교에서는 골프장에 다니는 것이 어려웠기 때문이다. 아들은 현지 학교 다니면서 주말에 골프 치는 편을 훨씬 좋아했다. 아빠가 돈을 잘 벌면 고등학교는 호주로 가서 골프를 전문적으로 배워보겠다고 생각하고 있었는데, 그건 불가능하니까 이곳에서 혼자라도 치겠다는 것이다.

또 우리 집 사정이 그리 넉넉하지 못한데 자기까지 국제학교에 가면 힘들지 않느냐고 했다. 그 말은 사실이었다. 이렇게 우리는 아들의 꿈까지 깨버린 무책임한 부모가 되어버렸다. 그렇게 해서 아들

은 집에서 5분 걸리는 현지 학교 하겐 파크 하이스쿨(Hagen Park High School)에 다녔다. 현시인들이 다니는 학교지만 우수한 학생만 선발하는 하겐 제일의 명문이었다. 학비는 1년에 30만 원 정도였다. 국제학교에 비교할 수 없을 정도로 쌌지만, 현지인들에게는 3개월치 월급에 해당되는 큰돈이었다.

  아들은 학교 유일한 외국인으로 남녀 친구들 모두에게서 최고의 인기였고 현지 학생들보다는 공부를 잘했기에 학교의 수재 모범생이었다. 아들은 나중에 연세대학교에 입학했는데, 우수한 고등학교 석차가 큰 도움이 되었다. 한국에서 말하는 내신성적 1등급이었기 때문이다. 사실 공부는 딸이 훨씬 잘했는데 경쟁이 심한 국제학교를 다녔기에 내신 석차는 그리 좋은 편은 아니었다. 어찌 생각해 보면 아들의 선택이 탁월했다.

  이민 가정의 부모는 대부분 맞벌이를 하여 아이들에게 가정교육을 제대로 시킬 수 없는 경우가 많다. 다행히 우리는 집사람이 집에 있었기에 한글·한자 공부까지 시킬 수 있었다. 외국에 사는 한국 아이들 중에는 한국말을 못 하는 아이들이 많다. 우리 아이들도 그렇게 될까 봐 집사람이 매일 하루에 한 글자씩 한자와 한글을 가르쳤다. 몇 년을 그렇게 엄하고 철저하게 가르쳤기에 아이들은 한국에서 학교를 다니는 아이들과 거의 같은 수준으로 한국어를 구사할 수 있게 되었다.

또 집사람은 요리하는 것을 좋아해서 아이들을 위해 맛있는 요리를 해줄 수 있었다. 집사람은 다른 나라 요리에도 관심이 많았다. 집사람이 배워 온 요리 하면 잊혀지지 않는 일이 있다. 인도 사람들과 친하게 지내던 집사람이 하루는 인도 전통 요리인 카레 닭찜을 배워 만들어줬는데 반응이 좋아 우리 집 특별식이 되었다.

하루는 아들이 카레 닭찜이 먹고 싶다고 하여 만들어주었다. 그런데 아들은 인상을 쓰면서 싱겁고 맛이 없다고 안 먹는다. 집사람이 살펴보니 카레가 안 들어갔기에 카레를 넣고 다시 데웠다. 그러나 이번에도 아들은 인상을 쓰고 먹지 않았다. 그러자 집사람은 화가 나서 아들을 나무랐다. 아들은 울면서 꾸역꾸역 먹었다. 그 모습이 뭔가 석연치 않아서 집사람이 먹어보았더니 세상에 너무 급한 나머지 카레가루를 넣는다는 것이 겨자가루를 넣었던 것이다.

재미있게 놀고 친구들도 많이 사귀며 이곳저곳에서 많은 경험을 하였을 그 좋은 시절에 우리 아이들은 마음고생 많이 하면서 화초처럼 키워졌다. 내성적이고 소심한 사람이 되지는 않을까 걱정했는데, 다행히 활달한 성격에 사교성도 있어 안심이 되었다.

딸은 한국에서 경희대학교 정치외교학과에 다니고 있고 아들도 연세대학교 체육교육학과에 다니고 있다. 우리 아이들을 굳이 한국으로 대학을 보낸 것은 한국 친구들을 많이 사귀고 단체생활도 해보고 즐겁게 지내라는 의미에서였다. 그리고 죽는 날까지 한국인으로

살라는 뜻도 있었다.

  가끔 텅 빈 아이들 방을 드나들며 보고 싶은 생각을 달래기도 한다. 품 안에 자식이라 했는데 함께 있을 때 좀더 잘해줄 걸 하는 아쉬움이 크다. 지금도 우리 아이들이 낯선 곳인 한국에서 기숙사 생활을 하며 지내고 있을 것을 생각하면 안쓰럽다.

  얼마 전에는 아이들 방을 정리했다. 지난 여름방학 딸아이가 다녀간 후 이젠 정리할 때가 되었다고 생각했다. 어렸을 때부터 아이들과 함께했던 옷, 학용품, 장난감, 책걸상, 자전거, 침대, 노래테이프, 덮고 자던 이불과 베개까지 아이들의 분신과도 같은 그 모두를 내놓았다. 집에서 일하는 경비원 두 명이 열심히 알려서 많은 현지인들이 물건을 사러 왔다.

  외국인이 쓰던 것이고 값이 싸 인기가 좋아 경비원 2명이 신이 나서 팔았다. 아! 저 장난감은 우리 아들이 너무너무 좋아해서 늘 갖고 놀던 것인데…, 저 기타는 우리 딸아이가 옆에 끼고 흥얼거리던 것인데…. 아이들을 떠나보내듯 그렇게 아이들 물건을 모두 떠나보냈다.

  고된 외국살이를 시작했던 것도 버티게 해주었던 것도 모두 아이들이었다. 아이들이 술술 내뱉는 영어 한마디가 우리의 힘이었다. 아이들은 스폰지처럼 새로운 언어를 흡수해 나갔다. 나이 들어 이미 머리가 굳어버린 내 머리에는 들어왔다가도 바로 빠져나가버리는 것과는 달랐다.

　먹고 살기 위해 외국에서 사업이라는 것을 해야 하니 영어를 할 수밖에 없어 열심히 노력하여 그런대로 영어로 의사소통은 하고 산다. 하지만 나에게 영어는 여전히 어렵다. 영어로 업무 서류를 작성하려면 몇 시간을 끙끙거려야 한다. 다 해놓고도 혹시라도 잘못되지 않았는지 자신이 없다. 아이들에게 물어보고 싶지만 부모 체면에 도와달라고 하기도 그리 쉬운 일은 아니다. 그런 속마음을 미리 짐작하고 슬그머니 다가와 해결해 줄 때면 고맙기 그지없다. 이제는 아이들이 오히려 한국말이 서툰 영어의 달인이 되어 눈 뜬 장님 같은 부모를 위해 든든한 길잡이 노릇을 하고 있다.

　어쩌면 이것이 지금까지 힘든 외국살이에 대한 보답일지도 모른다. 별 탈 없이 잘 자라준 아이들이야말로 외국에서 열심히 살아온 나의 최고의 보람이다. 내 인생 최고의 성공이다.

도가니탕과 갈비

    이곳에서는 거의 매주 주말이면 여러 사람들이 이런저런 이유로 모여 파티를 자주 하는 편이다. 대체로 음식은 주최하는 집에서 준비하지만 가끔은 참석하는 사람들이 한 접시씩 음식을 해서 가져가기도 한다. 이번 주에는 누구네 집에서 무슨 파티를 할지 매주 금요일 저녁이면 기대가 되었다.

    현지인들이 파티를 하면 음식은 '무무'다. 배불리 먹는 것이 주목적이기에 양은 많다. 돼지고기의 담백한 맛도 일품이다. 그러나 항상 같은 음식이기에 먹는 재미보다는 참석하는 데 의미를 둔다. 외국인들은 주로 술 파티이기에 안주 위주의 음식들이 주로 등장한다. '핑거푸드'(Finger Food)라고 하여 간편하게 손으로 집어 먹을 수 있는 음식들인 작은 샌드위치, 닭다리 튀김, 꼬치구이, 스프링롤, 새우튀김, 비스킷과 치즈 등이 단골 메뉴다.

　집사람은 음식과 요리에 관심이 많은 편이라 술과 파티보다는 각 나라 음식을 만드는 법을 배우기도 하고 한국 음식을 가르쳐주기도 하며 음식 문화교류를 많이 했다. 우리는 음식 한 접시를 해가는 파티에 초대되면 항상 김밥을 해갔다. 한 접시 소복하게 담아가면 모양도 예쁘고 맛도 좋아 항상 인기였다.

　파티는 친분을 두텁게 하고 새로운 사람들을 만나 사귀고 각종 정보를 들을 수 있는 좋은 만남의 기회이며 즐기는 시간이다. 마운트하겐에 유일한 정육점 주인을 어느 파티에서 만나 알게 됐다. 고기를 사러 자주 가는 곳이었으나 안쪽 작업장에는 종업원 이외에는 출입이 금지되어 있어서 항상 안타까웠다. 안에 들어가서 이것저것 직접 고르고 크기도 자유로이 선택하고 싶었는데 매장에서는 불가능했기 때문이다. 그래서 주인을 알게 된 김에 그런 불편한 점을 얘기 했더니 앞으로는 언제든지 안에 들어와서 고기를 선택하여 사가라고 해주었다.

　한국인이 많이 살고 있는 미국의 여러 도시들이나 유럽의 여러 나라들, 가까운 호주만 하더라도 정육점에서 한국인들을 위하여 여러 부위를 판다고 하지만 이곳은 전혀 아니었다. 그동안 소갈비를 먹고 싶어 사보려고 했었으나 소의 갈비 부분은 뼈와 분류해서 팔기에 살 수가 없었다. 고기는 대부분 각 부위별로 구분하여 각기 다른

가격으로 판매한다. 뼈와 함께 파는 것은 영어의 T자 모양과 같다고 해서 티본스테이크라고 이름 붙여진 등뼈 부분의 등심을 뼈와 함께 잘라서 스테이크용으로 파는 것 외에는 없었다.

파티에서 이야기를 나눈 다음에 날을 잡아 정육점에 갔다. 정육점 주인에게 잘 설명을 하고 갈비뼈 부분도 뼈와 함께 잘라달라고 한 뒤 가격은 뼈의 무게를 감해주어 일반 고기 값의 반값에 구입하였다. 가격을 계산해 보니 소갈비 1kg에 3천 원도 채 안되는 가격이었다. 이만큼 싸게 사기는 어디에서도 힘들 것이다.

전에 호주에 갔을 때 시드니 근처에 소를 대량으로 키우는 목장을 구경한 적이 있었다. 그 목장에는 한우와 비슷한 누렁이 소를 대량으로 키우고 있었는데, 목장 관계자가 하는 말이 한국 사람들이 좋아하는 소를 일부러 한국으로 수출하기 위해 키우고 있는 것이라고 했다. 나는 수입 소는 그저 젖소인 줄만 알고 있었기에 많이 놀랐다. 수입 쇠고기는 냄새가 나고 맛이 없다는 통속적인 관념이 일시에 깨졌다.

한국에 살 때 명절날 최고의 선물은 갈비 세트였다. 너무도 비싸 실컷 먹어보지도 못했던 갈비였는데 이제 매일 갈비를 먹을 수 있게 되었다. 구워 먹고, 찜해 먹고, 탕해 먹고, 정말 소갈비를 여한 없이 먹었다.

쇠고기는 살코기를 다 추리고 난 뼈 1kg에 100원씩 개 먹이로 싸게 판다. 무릎뼈인 도가니도 거기에 포함되어 있기에 도가니를 먹으려면 한꺼번에 다 사서 무릎뼈만 골라낼 수밖에 없었다. 내가 안 사 가면 모두 개 먹이로 팔릴 것이기에 너무도 아까워서 다 사니 정육점 종업원들이 의아해했다. 그래서 우리 집에 개를 많이 키워서 한꺼번에 많이 사가는 거라고 말해주었다. 알짜배기 도가니만 10kg. 무거워 못들 정도로 많은 양인데 단돈 1000원이다. 내가 개 음식을 사다 먹는구나 하고 생각하면 속으로 웃음이 났지만 재미있기도 하고 좋은 음식을 싸게 구입할 수 있는 것도 큰 복이라 생각했다.

우리 아이들은 어렸을 때부터 도가니탕 사골국을 하얀국이라 부르며 먹고 자랐다. 한국에서 대학을 다니고 있는 아이들이 얼마 전에 전화로 '사골국 먹고 싶어요' 하길래 '사골국 하얀 국 말이냐' 물었더니 '예, 독푸드(Dog Food)요' 해서 한참 웃었다. 십수 년을 도가니탕을 먹어왔던 터라 한국에서도 생각이 나는가 보다. 한국에서는 기숙사 생활을 하고 있으니 먹고 싶어도 먹을 수 없어 더욱 생각났을 것이다.

지난번 한국에 갔을 때 아빠가 한국 간다니까 '아빠 오면 갈비 사 달라고 해야지' 한다. 한국에서 소갈비는 워낙 비싸 학생 형편에 못 먹는단다. 어려서 실컷 먹고 자란 갈비니 얼마나 먹고 싶었을까.

며칠에 한 번씩 소가 들어오는 날이면 정육점 안쪽 작업장까지 들어가 제일 좋은 부위로 기름기는 빼고 살로만 골라 이리저리 잘라

서 값싸게 사 먹던 것이 갈비와 도가니였다. 쓸모없어 개나 주는 뼈이지만 최고의 음식으로 만들어내는 한국의 음식은 가히 예술이다. 우리 집에서 파티를 할 때면 갈비와 도가니탕은 기본이었다.

갖은 양념으로 맛을 내어 구워낸 소갈비는 바비큐보다 훨씬 맛있었다. 뽀얗게 우러난 사골국물에 쫀득한 '스지' 고기는 감칠맛이 그만이었다. 세계 최고의 수프를 자처하는 삭스핀 수프보다 더 맛있기에 현지인들을 비롯한 많은 외국인들로부터 인정을 받는 요리였다.

아이들이 없으니 외롭고 쓸쓸한 외국살이가 요즘은 더욱 을씨년스러워졌다. 이젠 파티도 시큰둥해져서 잘 가지 않는다. 오늘은 오랜만에 정육점에 가서 '독푸드'나 사다가 도가니탕이나 해 먹어야겠다.

불효

외국에 사는 것이 큰 불효인지 몰랐다. 옆에서 속 썩이는 자식이 되기보다는 멀리 떨어져 있는 편이 낫다고 나 편한 대로 생각했다. 부모님들도 그렇게 편하게 생각하실 줄만 믿었다. 보고 싶어하실 때 그곳에 없었던 것이 큰 불효인 줄은 정말 몰랐다.

큰 형님이 미국으로 이민을 가시어 부모님도 미국으로 가셨다. 부모님은 식인종이 살고 떼강도가 득실거리는 곳에서 어찌 살고 있냐며 하루 빨리 미국으로 오라고 성화셨다. 이곳에 지진이라도 났다는 소리만 들으시면 전화통을 붙잡고 마냥 우셨다. 두 분은 미국에서 오래 계시지도 못했다. 내 나라 떠나 사는 것이 너무 힘들다며 한국에 돌아가 외롭게 지내셨다. 가끔 한국에 갈 때면 두 손 꼭 잡고 놓지 않으시며 한국으로 돌아와 함께 살자고 애절히 말씀하시곤 하

셨다.

오랫동안 닦아 놓은 기반이라는 것이 너무 아쉽고 돈도 많이 벌지 못하였기에 한국으로 선뜻 돌아올 수는 없었다. 그러다 끝내 아버님이 돌아가시고 2년 뒤 어머님마저 돌아가시고 말았다.

돈 많이 벌어 자랑스러운 모습을 보여드리고 싶었다. 맛있는 음식 많이 잡수시게 해드리고 싶었고 아들 사는 이곳에 모셔서 이곳저곳 구경도 시켜드리고 싶었다. 그런데 아무것도 해드리지 못하고 말았다.

황해도 연백군 연안읍에서 태어나신 아버님과 어머님은 서로 옆 동네에 살던 이웃사촌이었다. 아버님은 십대 후반에 돈을 많이 벌어 보겠다고 만주에 가서 몇 년을 고생을 하셨다. 독립운동 하는 분들과 만나 신교육을 받으셨기에 앞선 사고를 가지셨지만 돈은 벌어보지도 못하시고 고생만 많이 하셨다. 1945년 광복이 되어 고향에 돌아오니 공산주의자들이 하는 것이 마음에 안 들어 반공청년단으로 활동했다.

어머님은 부농의 맏딸로 태어나 귀하게 자라셨다. 외할아버지께서 너무도 예뻐하시어 시집을 안 보내신다고 하다가 19살 늦은 나이에 시집을 보내셨다. 1948년에 두 분은 백년가약을 맺었다. 알콩달콩 신혼을 보내다가 1950년 전쟁이 터져 1·4후퇴 때 남쪽으로 피난을 내려왔다.

일가친척 없고 아는 사람 없는 피난 시절 피죽도 못 먹으며 죽도록 고생을 했다 하신다. 그렇게 충청도에서 피난 시절을 보내고, 미군 통역관으로 근무하고 계시던 외삼촌을 만나 경기도 미8군 공병단 부대 내에 식당을 하면서 돈을 많이 버셨다. 그 당시에는 미군 부대에서 일하는 것이 최고의 직업이었으며 선망의 대상이었다. 내가 어릴 때 집에서 기르던 셰퍼드를 먹이기 위해 아버지가 미군 부대에서 가지고 나온 음식찌꺼기들을 동네사람들이 훔쳐갔던 것이 지금도 기억난다.

부모님은 자식들 교육을 위해 서울로 이사를 했다. 그래서 우리 집 식구들은 모두 출신지가 다르다. 큰형님은 황해도 연안 출생이고 작은형님과 누님은 충청도 부여 출생, 나와 여동생은 경기도 파주 출생, 막내 여동생은 서울 출생이다. 서울에서는 어머님이 자식들 교육을 위해서는 당신도 돈을 벌여야 한다며 시장에서 포목점을 하셨다. 그렇게 시작한 포목점을 고혈압으로 쓰러지셔서 몸이 안 좋아지실 때까지 10년을 넘게 하셨다. 그래서 내 기억 속의 어머니는 포목점 안에서 예쁜 한복을 입으시고 청아하게 앉아계신 모습이다.

우리는 행복하고 부유하게 살았다. 어릴 적 우리 집에는 동네에 한 대밖에 없는 TV가 있었다. 집도 두 채나 되어 이집 저집 오가며 살았다. 몇 년을 따로 미군 부대 식당을 하시던 아버님도 그만두고 서울로 올라오셨다. 서울로 올라온 아버님은 여관업, 운수업, 강원

도 고랭지 채소농장을 운영하는 등 다양한 사업을 하셨다. 돈을 많이 벌지는 못했지만 그런 대로 먹고 살만 했다. 아버님은 황씨 종친회 회장과 연백군 군민회 회장도 하시고 구청 방범위원회 위원장 등 사회 활동도 다양하게 하셨다.

그러다가 세월이 흘러 아버님은 늙으셨고 하는 일마다 잘되질 않아서 고생도 많이 하셨다. 돈 잘 벌고 잘 나갈 때 굽신거리던 고향 후배들이 업신여긴다며 서러워하셨다. 사업가 기질이 있어 누구보다 성공할 것 같았던 작은 형님이 사우디아라비아에 갔다가 사고로 돌아가셨다. 너무도 큰 절망이었다. 그 뒤 아버님은 보증을 섰다가 큰 손해를 감수해야 했고, 이런저런 사업을 해보려다 더욱 나빠지기만 했다. 집장사를 한다며 많은 돈을 쓴 나도 한몫한데다 쇠고집처럼 우직하게 밀어만 붙이시는 아버님 성격도 사업이 순탄하지 못한 데에 대한 한 이유였다. 아버님과 어머님은 편안한 노후를 보내지 못하고 경제적 어려움으로 그렇게 몸 고생, 마음고생을 하셨다.

돈을 많이 벌어 우리 집안을 일으켜 세워 보겠다는 생각에 외국을 갈 마음을 먹게 되었다. 청년시절 아버님이 못하셨던 것을, 우리 집안의 희망이었던 작은 형님이 못했던 것을 내가 꼭 이루어 보겠노라고 다짐하며 떠나왔다. 내가 돈 벌어보겠다는 핑계로 편히 지내고 있을 때 부모님은 한국에서 외롭게 지내셨던 것이다. 큰아들은 미국으로 보내고 작은아들은 저세상으로 보낸 후 가슴에 묻고 막내아들은 생전 들어보지도 못한 파푸아뉴기니라는 머나먼 나라에 보내 놓고 그렇게 외롭게 버려진 노인들처럼 사셨던 거다.

누님과 여동생이 잘 보살펴 드렸으나 부모님은 아들 생각뿐이셨다 한다. 아무리 정성껏 잘해드려도 아들만 찾으시는 부모님 때문에 누님과 여동생은 속으로 많이 서운했을 것이다.

어머님은 암 수술을 받으셨는데, 얼마 못 사실 거라는 통보를 받고도 선천적으로 건강하셨기에 3년을 버텨주셨다. 아버님은 80이 넘으셨는데도 건강하신 것이 천만다행이라고 생각하고 있었다. 그러나 80이 넘은 노인은 밤새 안녕이라는 말이 맞았다. 어머님 병원 다니시느라 아버님은 정작 당신 자신의 건강에 신경을 쓸 여유가 없었다. 속이 많이 안 좋다고 해서 어머님 병원에 가시는 참에 진찰을 받으셨는데 대장암 말기였다. 어머님 병수발 하느라 당신의 아픈 곳은 전혀 내색을 안 하셨던 것이다.

입원을 하고 얼마 안되어 위독해지셨다. 큰형님이 미국에서 급히 귀국해 병상을 지켰다. 하지만 나는 가뵙지를 못했다. 어머님이 돌아가실 줄 생각하고 있었지 아버님은 생각지도 못했기 때문이다. 당장 한국에 갈 여건이 되질 않았기에 한 달 후에나 가보려고 했다.

그러나 병원에 입원하고 얼마 되지도 않아서 아버님은 갑자기 허무하게 돌아가시고 말았다. 아버님은 형들에겐 엄했지만 막내아들에게는 늘 자상하셨다. 하지 말라는 소리는 절대 안 하셨고 언제나

잘해야 된다고만 하셨다.

　일주일에 한 번 있는 비행기인지라 돌아가셨다는 소식을 들은 나음에 출발하니 너무 늦어버렸다. 결국 아버님 초상도 제대로 보지 못한 천하의 불효자식이 되고 말았다. 외국에 산다는 것은 그렇게 자식의 도리도 사람의 도리도 제대로 못하는 것이었다. 며칠을 방구석에 처박혀 많이도 울었다.

　어머님은 아버님이 돌아가시고 2년을 더 버텨주셨다. 아버님 때 임종을 못 지켜드린 것이 너무도 가슴 아팠던지라 어머님이 다시 병원에 입원하셨을 때는 모든 것 제쳐두고 한국으로 갔다. 어머님은 나를 알아보지도 못하셨다가 잠시 제 정신이 드셨을 때 내 손을 꼭 잡고 눈물을 흘리셨다. 그러나 그것도 잠시뿐이었다. 3일 밤을 꼬박 어머님 옆에서 있었다. 손가락 마디 하나가 잘려져 창피하다고 남에게 안 보이려고 평생을 꼭 쥐고만 계셨던 어머님의 손을 꼭 잡고 놓지 않았다. 어머니의 숨소리를 피부로 느끼고 마음속 깊이 새겼다.

　어머니는 긴 한숨을 쉬더니 눈을 감으셨다. 세상이 무너지듯 허무했다. 따뜻한 어머니의 육신이 차디차게 변할 때까지 목 놓아 울었다. 큰형님은 어머님이 돌아가시던 날 도착했다. 매년 한국에 다녀갔지만 서로 만나지는 못하였기에 13년 만에 형님을 처음 만나는 거였다. 왜 이러고 살아야 하는 것인지 외국살이의 설움이 복받쳤다.

　고이고이 이 세상 떠나시라고 화장을 해드렸다. 2년 전 납골당에

남태평양의 '또라이'

모셨던 아버님도 함께 고향인 황해도 연백이 눈앞에 보이는 강화도 교동도 맨 끝자락에서 어머님과 아버님 함께 훨훨 뿌려드렸다. 자유로이 고향에 가셔서 편히 쉬시라고 죄 많아 떨리는 손으로 그렇게 보내드렸다.

  이제 나는 부모님이 안 계신다. 애지중지 제 살보다 소중하게 나를 여겨주시는 부모님이 안 계신 것이다. 받기만 했지 단 하나라도 드린 것은 없다. 효도가 무엇인지는 모른다. 그러나 불효가 무엇인지는 알았다. 부모님 돌아가셔 안 계신 이제서야 자식의 도리도 못하는 불효가 뭔지 확실히 알았다. 내가 할 수 있는 일은 죽는 날까지 마음속으로나마 엎드려 사죄드리고 통곡하는 일뿐이다.

마·치·며

많은 한국 사람들이 남태평양 파푸아뉴기니에 산다는 것을 신기하게 생각한다. 이런 사람들을 만날 때마다 남태평양에서 17년 살아온 자부심으로 남태평양을 더 많이 알려주고 보여주고 싶었다. 그래서 그 방법을 찾는 것이 나의 첫번째 숙제였다.

아이들이 모두 한국으로 대학을 가니 한국에 갈 일이 잦아졌다. 점점 한국으로 돌아가야 할 때가 다가오고 있음을 느낀다. 한국에 돌아가면 무엇을 하고 먹고 살아야 할 것인가. 나의 두 번째 숙제가 되었다.

처음엔 사랑방 같은 카페를 한번 해보면 어떨까 생각해 보았다. 실내는 파푸아뉴기니 민속품들로 꾸며서 남태평양 문화가 물씬 느껴지는 아주 색다른 공간으로 만들면 멋있을 것 같았다. 오랫동안 외국에서 살았기에 달라진 한국 실정을 잘 몰라 전공인 건설업을 할 수도 없고, 나이 먹어 취직하기도 어려운 나의 현실도 크게 작용한 구상이었다.
 그런데 안동 하회동탈 박물관 김동표 관장님과의 만남으로 이런 구상은 커다란 전환을 겪었다. 파푸아뉴기니의 전통 탈을 구하고 싶어 나에게 연락했던 관장님을 마침 한국에 갈 일이 있었기에 직접 만났다. 이곳에 살고 있는 그 누구보다도 파푸아뉴기니의 이곳저곳을 다녀본 경험이 많고, 방송일 등을 통해 파푸아뉴기니의 문화를 잘 알게 되었고, 그동안 선물로 받거나 구입하여 나름대로 많은 민속품을 소장하고 있던 터라 관장님과는 금방 이야기가 통했다.
 남태평양 카페에 대한 이야기가 나오자 관장님은 아직 한국에는 남태평양이란 곳에 대해 정보가 별로 없는 실정이니 전통 민속품으로 꾸며볼 생각이라면 카페보다는 박물관이 어떠냐는 아이디어를 주셨다. 박물관이란 경제력이 있는 특별한 사람들만의 일이라고 알고 있던 터라 뜻밖의 제안이었다. 관장님은 사립박물관은 열정과 뜻만 있으면 작게 시작하여 점점 키워나가면 되는 것이라 했다. 소중한 경험을 덧붙인 관장님의 자세한 설명으로 내가 모르는 많은 것을 알게 되었다. 이를 계기로 박물관은 내가 선택할 수 있는 가능성의 하나가 되었다.

파푸아뉴기니 국립박물관을 갈 때마다 내가 박물관을 꾸민다면 더 다양하고 멋지게 꾸밀 수 있겠다는 생각을 하며 구체적인 구상을 하곤 했다. 이런 일이 되풀이되자 박물관에 대해서 더 많은 것을 알아보고 싶어졌다. 그래서 한국의 박물관들을 돌아보기 시작했다.

안동의 하회동탈 박물관, 벽제의 중남미 박물관, 광릉수목원의 아프리카 문화원을 돌아보았다. 그리고 안동 하회동탈 박물관 김 관장님과의 인연으로 많은 박물관장님들을 만날 수 있었다. 서울에 다니러 오셨다는 말씀에 김 관장님을 만나러 갔던 자리가 한국 사립박물관 협회 이사회의 뒤풀이였다. 그런 자리인 줄 몰랐던 나는 귀걸이 하고 청바지 차림으로 갔다. 관장님들 눈에 인상이 좋았을 리 없었다. 그러나 나의 진심을 이해하고는 걱정과 함께 소중한 경험을 나눠주셨다. 그 뒤 나의 박물관 견학은 밀도를 높여갔다. 서울의 쇳대 박물관, 충주의 술 박물관, 서울의 세계 장신구 박물관을 차례로 돌아봤다.

견학과 전문가들의 조언이 남긴 숙제는 남태평양만의 특성을 어떻게 나타낼 것인가였다. 사람들은 남태평양 하면 막연하게 에메랄드 빛 바다, 하얀 백사장, 야자수, 환상적인 여름 휴가지, 파라다이스 같은 휴식처를 떠올린다. 그러므로 그 막연한 파라다이스의 이미지를 현실적으로 느낄 수 있게 해주는 것이 중요하다고 생각했다. 남태평양 박물관은 체험하고 즐길 수 있도록 오락적인 요소를 많이 가미한 형태가 될 수밖에 없을 것이다. 직접 원주민들의 춤을 추며 배우고, 즉석에서 남태평양 전통 음식을 요리해 보고 먹을 수 있는 프로그램을 갖춘, 온 가족이 함께 즐거운 시간을 보낼 수 있는 남태평양 문화 체험 공간이면 좋을 것이다.

내가 경험하고 알고 있는 남태평양은 파푸아뉴기니를 중심으로 사이판, 괌, 마셜제도, 솔로몬제도, 바누아투 등으로 남태평양 멜라네시아의 일부에 지나지 않는다. 남태평양엔 그 외에도 마이크로네시아의 팔라우·척아일랜드, 멜라네시아의 나우루·투발루·뉴칼레도니아, 폴리네시아의 피지·통가·사모아·키리바티·쿡아일랜드·티이티, 그 외 길버트아일랜드, 피닉스아일랜드 같은 작은 섬 등 아직도 가보지 못한 곳이 많다. 앞으로 직접 경험해 봐야 할 곳들이다. 나의 세 번째 숙제인 셈이다.

남태평양 박물관에는 과연 무엇을 전시할 것인가를 생각해 보았다. 나는 남태평양 사람들의 생활 자체를 전시하고 싶다. 그들의 전통과 풍습 등 원시적인 삶을 적나라하게 보여주고 싶다. 다른 박물관 소장품들과 비교해 볼 때 원주민들의 민속품은 하찮아 보일 수도 있다. 하지만 전 세계의 유일한 문명 그 자체이기에 보고 느끼고 공감하고 함께할 수 있게 해 남태평양 자체를 인정받게 하고 싶다.

욕심 부리지 않고 몇 년이 걸리더라도 차근차근 준비할 생각이다. 많은 지방자치단체들이 문화사업을 유치하기 위해 노력하고 있으므로 뜻이 맞는 자치단체들의 협력을 얻을 수도 있을 것이다. 최선을 다하겠지만 박물관을 열지 못하게 되더라도 상관이 없다. 남태평양 박물관을 추진하려는 것만으로도 의미 있는 일이라고 생각한다.
 내가 하려는 일의 진짜 목표 그리고 사명감을 느끼고 있는 부분은 남태평양을 한국에 알리는 일이라는 것을 이제는 알기 때문이다. 처절했건 즐거웠건 지나간 모든 일들은 소중한 추억이며 경험이고 행복이다. 그 작은 행복을 많은 이들과 함께 나누었으면 한다.
 열 달의 인내와 고통스러운 산고 뒤에 탄생하는 새 생명처럼 소중하게 책으로 펴내주신 예지 출판사에 깊이 머리 숙이며 감사를 드린다.